预算绩效管理与财务管理

钟琳◎著

吉林人民出版社

图书在版编目（CIP）数据

预算绩效管理与财务管理 / 钟琳著 . —长春：吉
林人民出版社 , 2024.5. — ISBN 978-7-206-21058-7

Ⅰ . F275

中国国家版本馆 CIP 数据核字第 2024CD5779 号

预算绩效管理与财务管理

YUSUAN JIXIAO GUANLI YU CAIWU GUANLI

著　　者：钟　琳

责任编辑：郝晨宇　　　　　　　　封面设计：李宁宁

出版发行：吉林人民出版社（长春市人民大街 7548 号　邮政编码：130022）

咨询电话：0431–85378007

印　　刷：长春市昌信电脑图文制作有限公司

开　　本：710mm×1000mm　　　　　　1/16

印　　张：10　　　　　　　　　字　　数：180 千字

标准书号：ISBN 978-7-206-21058-7

版　　次：2024 年 5 月第 1 版　　　印　　次：2024 年 5 月第 1 次印刷

定　　价：58.00 元

如发现印装质量问题，影响阅读，请与出版社联系调换。

前　言

　　企业在优化管理的过程中，重点往往会被逐渐放在预算绩效管理及财务管理上，并在此基础上逐步实施财务管理改革。预算绩效管理在财务管理中发挥着不可替代的作用，两者之间存在密切的联系。

　　预算绩效管理的实施，不仅能调整和优化资源配置，还能提高预算编制的准确性，是促进企业财务管理水平提升的关键，能有效实现企业战略目标，提升企业的市场竞争力。所以，公司应该加强对绩效目标的管理，提高执行力，设立健全的沟通和协调制度，创建完整的绩效评价体系；确保对财务预算绩效的精确定位，强化财务收支的监管体系，倡导全体员工树立绩效管理的观念；规定职能定位，以最大限度地挖掘公司的财务管理价值，并推动公司实现高品质发展的目标。

　　面对较大的市场竞争压力，企业若想实现自身的稳健发展，应不断提升财务管理水平，以获得更大的市场竞争力。在企业财务管理中，管理效果会直接受到预算绩效管理的影响，所以，现代企业若想不断提升自身管理水平，应重视预算绩效管理与财务管理工作，结合自身实际，在两项工作的协同推进下，从整体上促进企业实现高效发展。

目　　录

第一章　预算绩效管理概述

第一节　预算绩效管理的内涵界定

一、预算绩效的内涵界定

一般而言，预算绩效的构建过程包括政府设立与其有关的行动规划与项目规划；根据其职责以及执行策略，拟订出对应的执行策略；通过对成本与收益的评估，决定执行策略的花销。这就是一种预算的编纂手段。自20世纪90年代起，全球各地都开始大力提倡预算绩效以提升政府工作效益。通过考察发达国家执行预算绩效改革的经验可知，这种预算模式在增强公众财务利用和优化政府机构的操作上已经产生了显著的影响。

（一）预算绩效的定义

预算绩效的观念源自西方，其内涵有着悠久的实践沉淀。其出现标志着公共财政的重大理论与实践飞跃，对传统预算仅分配资金的角色进行了改革，使政府的财政投入与政府的任务和效益形成紧密联系，以此保证每一份预算的分配都能满足公众对政府行为的期望。因此，预算绩效的含义绝不仅限于财政或预算领域，它反映的是政府职能的转型。充分理解预算绩效的意图，是激活预算绩效管理的关键。不同国家和地区的学者关于预算绩效的论述对我们全面理解预算绩效和建立预算绩效管理的理论基础有着积极作用。

在20世纪40年代后期至50年代初期，美国率先引入了预算绩效改革的理念。胡佛委员会作为预算绩效的创新者，主张预算绩效应侧重于结果产生，涵盖日常任务和关键任务的完成以及服务的提供，而不只是模拟过去的项目预算，单纯关心投入的多少。

进入 20 世纪末，为满足推行预算绩效的需求，美国成立了全国绩益评估委员会，负责指导美国的预算绩效改革。按照该委员会对预算绩效的解释，预算绩效应以任务导向、结果导向为主，强调组织改造，包括改变组织架构和决策流程，下放预算权责，强化预算过程和政策设定过程的联系；管理者应设立明确的目标，加强公共领域的绩益评价，据此评估工作成果，并公开发布；其最终目标是满足公众对社会成果的期望，提升公众满意度。美国总统预算管理办公室明确指出，预算绩效设定的资金拨款目标应清晰，要明确实施计划需要多少资金，以及使用何种量化指标来衡量每项计划的实施效果和完成情况。

根据世界银行的观点，预算绩效是一种预算系统，它的指导思想是目标导向，以项目成本作为评价标准，并以业绩评估为核心理念。它的特点是将资源分配的增长与绩效提升紧密相连。经济合作与发展组织的看法是，预算绩效是将财政资源的分配与可测量的结果紧密相连的一种预算模式。而澳大利亚政府把预算绩效视为政府行政活动的财政支持结构的评估形式，这种评估形式可以包涵五个因素：第一，政府需要处理的问题；第二，预算资源的配置；第三，以结果为核心设立绩效目标；第四，评价目标达成情况的准则；第五，评估绩效的指标体系。

研究公共财政学的部分西方学者也在努力探明预算绩效的含义。威洛比与梅葛尔将其阐述为针对政府部门的职责、目标和愿景实施策略性规划的过程，并利用可衡量的数据来呈现项目成果信息。有学者认为，预算绩效是通过在支出预算、利润分配及其他各种方式上进行控制的预算系统，它规定了开支上限，采取自上而下的预算编制流程，同时授权部门经理自行配置资金，也要求他们对预算执行的效果负责。有的学者则认为预算绩效是公共管理人员采取的一系列压缩预算的措施，这些操作从设定、评价、选择到绩效测量，都是为了提升生产力和效率。还有的学者认为，从大的范围来看，预算绩效反映了特定政府机构用获得的资金完成或希望完成何种任务；而从小的范围来看，预算绩效就是一种将资源增值和产出增长关联起来的预算管理方式。

预算绩效观念的多角度透视性揭示出世界各地及各类专业人员对其独特的看法。尽管在概念的界定上存在不同意见，但在理解预算绩效的核心概念时，学者有一个普遍的认识：预算绩效就是以结果决定的预算管理策略，这符合新型公共管理的思想。同时，预算绩效还融入了市场经济的观念，以可量化的成果作为政府预算的依据，旨在提高财政支出的收益，优化公共服务的质量。

（二）预算绩效的类型

根据在预算绩效管理中绩效评估结果和其他相关因素的地位和影响，将预算绩效分为四种类型：一是报告型预算绩效，其预算报告中虽包括绩效评价的成绩等数据，但这些数据并未纳入预算资源配置的决策考虑；二是认知型预算绩效，其虽在预算制定阶段会考虑绩效评价成绩等信息，但在最后决策中这些信息只是起辅助作用；三是决策型预算绩效，在资源配置步骤中，绩效评估结果与其他因素一起发挥核心作用；四是理论型预算绩效，其中资源的分配与绩效评价结果等数据有明确直接的关系。

（三）预算绩效的实施方式

各国实行预算绩效的历史过程存在着差距，主要源于各国的经济条件和经济实力发展水平的不一致，从而影响到了预算绩效实施的具体模式，每个国家都有其独特之处。经济合作与发展组织根据各国实施预算绩效的状况以及预算绩效推行的主要关注点，在《预算绩效使用指南》中对各种代表性的实施方式进行了总结：这包括以自上而下和自下而上的方式、部分和整体的方式及逐步实行和一次性全面实行的方式。

1.自上而下的方式和自下而上的方式

在原始文本中，"自上而下"的模型意味着在预算绩效的设定、执行和监督各环节中，中央政府部门发挥了主要的作用，并利用其绝对权力驱动预算绩效的提升。这种模式适合于权力高度集中的国家，比如澳大利亚和新西兰。对于"自下而上"的模式，地方部门和机构在决策过程中十分关键，他们有权决定参与预算绩效的程度，并能自主提出达成目标的策略。这种方式在不同的部门或区域之间可能存在显著的差异，更适合于地方机构具有高度自由和自主性的国家，比如北欧的芬兰、丹麦和瑞典等，都采取了这种自下而上的分散式方式，上级很少甚至没有特定的要求或规定。此外，美国、英国、法国和加拿大等国，根据自身实际情况，采取了这两种模式的混合方式。

2.局部的方式和全面的方式

根据直译，局部的方式是指将预算绩效实施于特定的部分或领域，覆盖范围较小，能减少阻力，降低改革的困难程度，但可能无法达到深度发展。全局推动模式需要对预算绩效全面推行，普遍通过制定新的法律法规为其提供强力支持，但可能只能让各部门和公众简单地按照新的法规行事，而无法实质性地推动改革。在执行预算绩效的开始阶段，通常可以在小范围内先试行，待有适当的机会时再颁布执行法令，以全面推动改革的实施。

3. 循序渐进的方式和"大爆炸"的方式

在执行预算绩效时，国家选择了不同的过渡策略，比如澳大利亚就采用了循序渐进的策略。这种策略让政府能有效管理改革的步骤，在应对外部突发事件或内部强烈抵抗时，能做出精确且及时的反应，通过调整计划和调和关系，确保改革的持续进行。而韩国则选择了"一次性完成"的策略，这种方法的优势在于面对国家外部以及内部的巨大压力时，能在一定程度上有助于减少改革阻碍。然而，实施这种改革策略要求较高，需要拥有坚定的改革决心、强大的政治实力及丰富的资源。这种积极的改革方式给国家带来了潜在的高风险，由于推进速度过快，国家容易忽视总结改革的经验以及教训，无法适应持续发展的态势。

（四）预算绩效的特征

根据各种机构和国家对于预算绩效及预算绩效管理的定义，我们可以总结出预算绩效管理普遍的几种特性。

1. 以结果为导向

原有成本模式的主要问题在于，它并未对预算出资设定明晰的目标，且在评估支出结果方面缺乏明确的指标，这可能会导致公共资金无法得到最高效的应用。而与之相比，现代的预算绩效更侧重于"结果"，不只是看重政府部门的"生产"。"结果"是指政府的支出需达到一种预定的目标，"生产"只是涉及政府部门生产的公共产品数量或者提供的公共服务数量。在预算绩效中，相比于财政资金的输入，财政部门会更加关注出资的效果，或者说更看重提供的公共产品和服务的质量。它通过建立一套效能评估的准则，对财政资金的终极影响和资金使用效率等具体目标进行量化的评估。预算绩效不只是着重公布政府"花了多少钱"和"钱花在哪里"，还进一步地明确了公众最关注的问题，即政府"花钱的效果如何"。

2. 强调成本核算

在过去的财政策略中，尽管政府扮演了公共服务中的主要角色，却未能将财政资金用得淋漓尽致，以优化资源利用。这导致在经济下滑的时期，政府无法满足公民的基本生活要求，从而使公众对政府的信心摇摇欲坠。然而，预算绩效将成本核算原则深入融入预算制定过程中，把公共服务的成本涵盖在政府预算评估程序内，以使其更准确和全面地反映政府在固定时期内为提供公共产品和服务所需的成本。这样可以更好地将预算成本和预期绩效相互对照，有助于强化管理者在实现产出和结果方面的责任感，引导科学决策，增强政府内部的监控机制。

3. 放权与问责相结合

传统的预算管理模式一向强调对投资的限制，这是为了确保财产安全。然而，在处理突发事件时，这种模式可能会限制部门领导在财务分配方面的灵活性，从而对工作表现产生负面影响。预算绩效理念的引入使政府能赋予部门更大的独立权，增强部门领导的责任感，促使政府部门追求成本效益，对资源分配进行优化，以提高财政资金的利用效率。这种理念既让部门在预算配额范围内，自行决定如何最优化资源和预算分配，以完成部门的目标；又结合了完善的问责机制，加大责任追责和效果询问力度，在部门享受到管理灵活性的同时，也需要对未完成的绩效目标和产出结果负责。

（五）预算绩效的管理模式

世界银行首席经济学家安维·夏对预算绩效管理方式进行了划分，并认为基本上有两种模式在各国得以实行：一种是无法直接通过绩效评估来决定预算分配的模式，如美国、荷兰及澳大利亚等，该模式能为部门提供更广泛的执行自主和灵活性；另一种则是与预算分配与绩效评估息息相关的模式，比如新西兰、马来西亚及新加坡等，该模式使各部门负担更多的责任。新西兰的合同模式以及马来西亚的问责模式均是具有代表性的模式，这两种模式的主要差异在于绩效评估的结果能否直接决定预算分配及其联系的紧密程度。安维·夏进一步指出，预算绩效管理的约束和激励机制及披露绩效报告的规范，是推进预算绩效改革成功发展的主要因素。而国内学者白景明则把预算绩效管理方式分为三种，分别是美国模式、澳大利亚和新西兰模式及欧洲模式，并以其传统政策体制作为划分的依据。

二、预算绩效管理的内涵界定

预算绩效管理就是以预算为根基实施绩效管理，把绩效的理念和策略整合到预算的流程中，它是制定预算、落实预算及监督预算的重要环节，也是预算管理的关键部分。这种管理模式以绩效目标为中心，靠绩效监督来确保，利用绩效评价作为方法，关注评估结果的运用。其主要的目标是改进预算管理，优化资源使用，减少费用，并提高公共产品的品质和公共服务的标准。

"预算绩效管理"这一术语，是由财政部所提出的，指的是一种以预算为主导，将预算管理和绩效管理进行完美结合的新型管理模式。这一模式被广泛应用到预算的制定、执行和监督过程中，以降低成本提高效率。它的核心理念是进一步实践"预算服务于民众"的原则，强调预算花费的责任和效率，倡导在预算的制定、运行和监控过程中，更多地考虑资金的产值和效果，推动政府部门不断提升服务水平和品质，用最少的资金做最多的实事，为公众提供更多更好的公共产品和服务，使政府工作更实际和高效。

预算绩效管理的含义通常涵盖以下两方面的内容。

一方面，预算绩效管理是一种创新的预算思维；其重点在于强调绩效导向，增强政府部门对开支的责任感和效率观念，建立以产品产出和结果为导向的思维，致力于优化资金利用效果，要求提升公众产品和服务的规模与品质。

另一方面，预算绩效管理能有效地作为一个技术工具，其主要借鉴了绩效管理的方式和策略，用以优化预算管理和增强其管理效能，着重改进技术层面，相对轻视政治评估和体制改革。因此，它在现有的预算管理任务中主要被用作技术手段。

此外，预算绩效管理正好展示了一个全方位的流程控制系统。该系统以结果为导向，对预算加以调控，把预算看作封闭循环系统，各环节紧密相连。

预算绩效管理是一种对传统预算管理方式的创意重塑。其本质依旧是预算管理，旨在为预算管理服务，遵循预算管理原则，对现有预算管理模式进行升级和完善，而非一个与预算管理分离或平行的独立体系。其通过将绩效管理的思想和方式运用到传统预算管理方式中，以增强资金利用的效益，提高预算花费的效率，实现资源的最佳配置，提升财政管理效率，更新和提高了现行的预算管理方式，构建了一个全新的、有机结合的、全方位互联的预算管理方式。

第二节 预算绩效管理的指导思想与基本原则

绩效管理观念必须贯穿于预算管理的全过程，包括预算的制定、实施及监控等步骤。因此，我们需要根据预算管理的现况，按照一致性的理念，遵循特定的原则，建立一套适用的绩效管理办法，以确保整体预算绩效管理改革能稳定前行。

一、预算绩效管理的指导思想

在建立财务税收架构过程中，预算业绩管理拥有重要的位置，对全局性财务系统的优化有决定性的影响。由此，预算绩效管理的开展和实施都应遵守原则。全面推进预算绩效管理，加强政府绩效管理和公共财务系统的全方面规定及财务的系统、精准管理的具体方案逐渐推行。在全面理解预算管理发展的客观规律的基础上，全面推进预算绩效管理的工作，需要找准正确的方向、清晰的目标、完备的系统、具备针对性的策略并把握关键、重点突破，建立横跨所有财务资金，连贯预算编制、执行、检查全过程的具有中国特色的预算绩效管理体系。进一步提升财务资金的使用效果，为科学发展和社会和谐提供服务。

预算绩效管理的指导思想主要体现在四个关键方面。一是预算绩效管理被视为政府绩效管理的关键核心，也是整体的公共财务框架的重要组成部分，也就是说，它是财务管理精细化、科学化的具体实践和有效手段；二是预算绩效管理的广泛领域包含了所有的财政资金，包括各种纳入政府和部门预算的资金；三是强调预算绩效管理的特点，即预算绩效管理需要贯通整个预算的策划、执行和监控管理过程，实现绩效管理和预算管理的有效结合；四是预算绩效管理既要追求完整的管理模式，也要考虑当前的管理水平；既要符合长期规划，也需要满足当前的实际工作需求，总的来说，就是要从具体情况出发，坚持实事求是的原则。

二、预算绩效管理的基本原则

预算绩效管理的主导理念为工作进展指明了道路，为财政部门、预算部门及预算实施部门提供了预算管理的参考。明确规章政策后，为了继续开展具体工作，必须确立实施预算绩效管理的五大核心原则。

（一）统一组织，分级负责

预算在绩效管理中的角色强调责任，引申出对责任的明确划分需要建立在清晰的工作职责上。这一原则关联到如何分配责任，同时揭示了整体和各部分之间的互动关系。谈及整体，我们需要"确保组织行为的一致性"，这意味着尽管预算管理责任已分派给各级财政部门，并且组织及指挥权已经被分散，但各部门仍需遵循同一行动准则，保持统一立场，防止产生多元管理现象。各部分应"按级负责"，即根据当前的财政架构和等级关系，财政部门与预算部门各负其责。比如财政部主导全国范围的协调任务，地方财政部门规划本地区的工作，预算部门负责本部门预算绩效管理工作，具体职责包括制订对应的计划和制度、组织和引导实际工作的执行等。

（二）统筹规划，远近结合

全面策划与远近结合的视角，对于推动预算绩效管理的进程是必要的。站在全局的视野里，需要"大规模规划"，这对管理者而言，意味着必须建立一个整体的构想，清晰了解基本的目的和主要任务，让所有部门步调一致。这些都是最高级别的设计要素，操控着整个预算绩效管理的操作，并渗透到所有的管理执行环节。然而，在关注细节的层面，需要"酌情权衡"，也就是在全局导向的基础上，各个执行部门和机构需要依据当前的实际状况，制定详细的工作方案，逐步实现预定的工作目标。换句话说，需要理清该区域或该部门预算绩效管理的总体研究路径，制订长期的预算管理计划，明确基本目标和主要职责，设定保障措施。同样还需要配合预算绩效管理的实际进度，设定年度目标，进行中长期计划，构建一套能将年度工作方案与中长期计划相结合的运作模式。

（三）全面推进，重点突破

整体推进及重点突破是推进预算绩效管理方式的关键，这彰显出其普适性与核心性。从其普适性角度，我们需要做到"全面推进"。金融及预算部门必须认识到预算绩效管理的核心性和紧迫性。无论是和预算绩效管理相关的责任、预算绩效管理步骤内容，或是预算绩效管理质量检核等，都需要被重视，不能只关注其中某一部分。需要有全局的观念和涵盖性的理念，执行预算绩效的全程掌控，以实现全面性、全覆盖性。从其核心性角度，我们需要"重点突破"，即认清这项工作的难度和持久性。必须根据实际，因势利导，在全面推进的同时，要注意关键点和核心。当前阶段，各级政府及社会公众所关注的民生项目是重点，应优先取得成效，累积经验，扩大影响力。通过重点突破来推动预算绩效管理方式的全面推进。各级政府、预算部门，还有预算执行单位都应积极扩大预算绩效管理方式的覆盖面，逐年扩大目标管理方式的界限与绩效评审的项目，实现全面发展。同时需要结合所在地区、部门的实际情况，因势利导，积极寻找，以民生项目为切入点，通过重点突破来推动全面发展，尽快取得实效。

（四）改革创新，协力推动

无论何种任务的推进，都离不开创新合作，尤其是在财政预算的改革中，通力合作显得更为关键。从观念的视角看，我们需要"革旧立新"，意识到维护预算管理是一项创新的改革任务，我们需要接受新想法、新观点和新方案。在实践过程中，我们应该坚决解放思想，勇毅前行，打破旧有规章和框架的限制。各部门和单位都要有勇气面对矛盾并解决问题，培养创新思维，大胆探索新途径，不怕失误，以创新推动进步，以改革推动发展。在实际操作层面，我们需要"群策群力"，需要了解预算绩效管理是一项系统化的工程，涉及全国经济的各领域，不能仅依赖财政部门和预算部门，而需要调动各方的积极性、主动性和创新性。各级财政部门和预算部门是推进预算绩效管理的主力，尤其是预算部门，要充分发挥他们的积极主动性。同时，要积极申请各级人民代表大会、政协以及纪检监察、审计等相关部门的批准，达成共识，汇聚合力。另外，不能忽视社会机构和公众群体的影响，要整合社会的所有力量，共同推进预算绩效管理工作的改革步伐。

（五）客观公正，公开透明

关于预算管理改革，预算公开度及透明性是主要矛盾，也是对预算绩效管理的一般性追求。但是，就我国的真实状况而论，尽管每年公开化的预算绩效管理信息不断增多，但绝大部分仍被归纳在大类财政收支数据中，且对其的解释不足。预算提案与预算执行决算基本都是统计数据，内容虽然简明，但并未包含实质性的资金结果信息。目前我国的财政预算透明度有待提高，除了预算管理的技术性问题，还涉及预算管理模式、财政管理方式以及行政管理制度等复杂问题，这迫切需要各方面的改革协同配合，借鉴国内外先进理念，积极探索，以尽快取得改革成果。

财政及预算管理部门的预算绩效审核必须遵循真实、客观、公平且公正的规则，其中的评估要求和基础数据应确保准确无误，采样的方法需合理适当，而评估结果应遵循法律进行公开展示以接受社会的监督。在进行预算绩效的审核与批复的过程中，必须采用一致的评估标准，根据预算的不同特质与种类进行绩效评估，对不同的地区和部门，应进行公正客观的审批，以保障预算管理的公正性。同时要留意各个地方和部门的经济制度的完善程度以及其中存在的不同，注重评估标准的灵活与适应性。对于政府的预算绩效管理部门和其他非涉密部门的预算计划，需要步骤详尽、有序、细化且完整地进行公开，使预算管理接受社会大众的监督，达到预算的全面透明化。同时对当前社会发展和国内经济状况中的问题及时加以修正，以优化预算绩效管理体系，使财政和预算部门的工作更具经济效益和运行效率。

第三节　预算绩效管理的体制机制

执行预算绩效管理不仅要改善预算模式，还要建立完整的制度架构，以支撑绩效管理的运行。来自西方的预算绩效发展经验表明，若缺少全面系统的制度支持，推行预算绩效的改革将变得困难重重。构建满足现代国家管理要求的预算管理制度架构，并精进预算编制、执行和监察等环节。一个全方位的预算绩效管理制度框架可概述为"建立一个机制""完善两个体系""创建三个智库""实施四项工程"。

一、建立全过程预算绩效管理机制

为了增强财政资金的管理责任和提高政府的工作效能，我们应该根据"拓宽覆盖、提升品质"的原则建立完善的预算绩效管理系统。简单来说，我们需要创建一个全阶段参与的预算绩效管理系统，涵盖"明确预算目标的制定、严格的预算执行监督、预算完成后的评估、对评估结果的反馈、反馈结果的可行执行"，以此确保绩效管理与预算的编制、实施和监控密切结合。

（一）管理预算绩效目标是整个预算绩效管理过程的根本

绩效目标管理构成了目标管理的根基，其管理行为包括预算绩效目标的制定、审核和批复等，在预算绩效管理中，它是首要且关键的。核心的任务主要由财政部门负责，他们主要负责整理并引领预算部门设定目标，还需对目标进行评审和批复，以此方向引导下级财政部门进行相应的工作。以拓宽绩效管理的范围为目标，财政部门必须每年扩大绩效目标管理试点地区的数量，逐步将国内所有地方和部门纳入全面管理的体系，随后对项目的绩效目标进行严格的评估，以该评估结果作为预算分配的基础和重要参考。同时，他们需要对接下来的目标的达成进行监督和管理，并且对结果进行反馈等。

预算部门的任务是制定、审核并汇总本部门的绩效目标，并根据财政部门的反馈进行必要的目标调整和完善。另外，他们会将财政部门批准的绩效目标准确地下达到实施的具体单位。换句话说，项目单位必须负责编写、检查和调整该单位负责的项目绩效目标等任务，同时需要执行他们负责的项目所设定的绩效目标。各个部门或机构在申请预算的时候，必须按照规章制度提交效益目标。换言之，设立的绩效目标应该充分具备清晰、具体、可衡量的特点，需要满足经济效益等领域的复合需求，且在一定时间范围内能够达成。

管理预算目标是预算绩效管理的第一步，它的管理状况会直接影响项目后期的运作。设定合适的目标、实行严格的审查和批准流程、进行全方位的运营监督管理和真实的成果反馈，能够提升预算资金的使用效益，确保财政支出能实现预期成效，以此为全社会带来更多的效益。

（二）对预算绩效的运行监控对整个预算绩效管理流程至关重要

在设定绩效目标后，财政和预算部门的关键作用是监督资金运营和绩效目标的实现情况，这通常包括绩效监控的规划、执行以及监控结果的使用等环节。当预算管理从规划阶段过渡到执行阶段时，必须严格检查每一个步骤以确保按时达成预期绩效。一旦发现与计划有偏差，需要预测可能的影响并采取相应的控制措施。因此，对整个预算绩效的持续监督是全流程预算绩效管理的关键所在。

在绩效评估过程中，预算部门的自我评估作为基础，财政部门负责对重点项目的把关，推动预算部门及时行动，解决问题，保障绩效目标得以完成。预算部门需要对自身及属下机构的资金流动性能效率进行评审，发现问题应立即调整。财政部门和预算部门要共同发力，对绩效数据进行实时跟进和监控，检视是否与预算审批时设定的绩效目标相符，并且通过预算部门的持续追踪和财政部门的临时审查，一旦发现预算支出绩效运行偏离了初设绩效目标，便要求相关部门或单位立即采取纠正措施。若情况特别严重，应考虑暂停或终止该项目的执行。

对预算绩效的监控运行涉及整个预算流程的每一个环节，包括预计实现的性能目标、项目的执行和管理、资金管理等方面。每个环节都要求相关的部门和机构进行信息收集和分析，以便能够全面、准确地揭示项目的执行情况。监管单位需要做到及时有效地反馈信息并公之于众，对于发现的问题和情况，项目部门和单位需要及时进行调整，从而达成预期的预算绩效目标。对绩效运行的持续跟踪和监控，有利于财政和预算部门加强监督，寻找更佳的实现绩效目标的途径，督促加快预算的执行，推动绩效目标的成功实现。

（三）全流程预算执行管理的关键在于对预算绩效的科学评估

科学的绩效评估是实施预算绩效管理的重要方面，是预算绩效管理中有效的工具，并在其总体管理中占据中心地位。

在绩效评价中，由财政部门负责调节和指引其下设的预算部门及辖下的财政部门承担绩效评价任务，并根据实际的需求，对其下的预算部门和辖下财政部门的预算支出实施绩效评价或重新评价；提交预算开支管理的改良意见并确保实施。预算部门负责安排并履行本部门的性能评价任务，在完成后将绩效报告和评价报告呈给层级相同的财政部门，并落实财政部门的改革建议；基于绩效评价结果，改善预算开支管理。预算执行完后，财务部门和预算部门需精心分析并有效运用数据，对预算开支的真实业绩进行评定，并且要公允无私地评价绩效目标的完成情况，提高预算性能评价的准确度和效用。

设立预算表现评估体系和确定评价准则的过程，实质上就是进行整个预算表现的管理与控制的过程。体系的完善级别和准则的适宜性直接影响到绩效目标的评定、查核，评价结果的判断与应用，并为项目在前期、中期和后期的监督提供支持，起到连接前后的作用。因此，科学且合适的绩效评估是进行预算绩效管理的重要环节，提高预算绩效评估的精确度直接关联到整个预算管理体系的运行。

国家在实际执行绩效评估时，仍以资源注入为主，尚未体现结果导向的原则。资源注入指的是过于关注资源投入，而忽视了成效，而结果导向则是现今政府绩效评估的重要观念，它集中在实际效益和结果上。西方国家在绩效管理评估中最主要的做法是创建了以成果为主导的高效绩效评估系统，以此提升政府预算的效率和效果，这也是我国推行预算绩效评估改革的重要内容之一。

（四）预算绩效管理全过程的最终目标是应用预算绩效评价的结果

绩效评价结果是部门在执行绩效考核职责后得出的，通过绩效评价报告全面且深入地体现了对实际绩效情况的观察、议题和分析。利用评价结果不只影响短期行动，也应对绩效管理的效率产生长期影响，并对财政、预算部门及单位带来持久的改变。运用评价结果可确保预算绩效管理的真实与有效，是预算绩效管理全过程的关键环节。财政部门可依据评价结果发现项目存在的问题，适度重新评估项目，及时调整预算并指导、规范财政资金的投入。

预算部门和评价机构可参考绩效评价报告的回馈意见，优化规章制度和资源分配决策，以持续改善预算管理。同时，评价结果能真实反映关键项目的执行情况，为政府决策提供参考。另外，公开化的评价结果能够引发部门和单位之间的互动，与公众达成有效沟通，推动预算绩效管理工作的进展，发挥预算绩效管理的实际成效，这也是实行绩效管理工作的最终目标。

（五）只有对预算绩效的全程监督，才能保证预算绩效管理的有效进行

预算绩效监控的主要功能是对预算全程，包括对经济性、效率、效益等方面的全面监管。确保预算目标的现实性和合理性，预算执行的完整性和规范性及预算评估的全面性和有效性。这个过程贯穿在预算绩效管理的每个步骤中，它能够发现并及时反馈运行过程中的问题，为实施绩效管理提供了强有力的支持。

在实际工作中，各级行政部门和机构需进一步强调预算绩效的监督和预算成效架构的建立，坚守"投入资金便必须讲究效益，只要投入必须落实责任"的理念。在预算管理中需采纳"三大改变"，即"从过度关注分配转向更重视管理""从专注项目的优先性转向关注其产出"及"从单纯追求资金转向有效利用资金"的转变，使绩效理念深入预算管理的每个环节，保证预算策划、实施、监管及绩效管理的系统整合，进一步塑造以绩效为导向的预算管理制度。财政监督机构和审计部门应始终将绩效理念践行于财政监督和审计任务中，要积极寻找科学的监督审计方法和手段，公正地反映预算绩效管理和财政开支效益的问题，督促涉及的部门进行改进，推动建立预算绩效管理制度并提高资金利用效率。预算部门、财政部门及各单位需充分发挥监督绩效的功能，构建预算分配与财政监督结果紧密合作的工作方式，提高监督查核成果的应用，实现

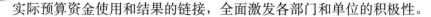

实际预算资金使用和结果的链接，全面激发各部门和单位的积极性。

二、完善预算绩效管理体系与预算绩效评估体系

优化升级预算绩效管理系统与预算绩效评估系统是预算绩效管理中至关重要的部分，这两个体系直接影响绩效工作实施的水平。预算绩效管理系统主导着预算绩效管理相关规定及详细执行规则的制定和不断优化，从宏观的方向和目标对预算绩效管理工作做出规划和指引，增强了操作的可实施性。至于预算绩效评估系统，它主要承担规定评估主体的范围、合理施行评估手段和策略的职能，在实际上优化了绩效评估标准系统。

（一）完善预算绩效管理制度体系

在世界各地，已经实行预算绩效改革的国家正在积极构建一套标准、理性的预算管理体系。唯有完善的预算绩效管理体系能支撑预算绩效管理的顺利运作并确保其成效。各级财政和预算部门必须高度重视制度体系的构建，设计一个具备科学和规范性质的绩效管理制度并持续优化，规整全部的预算绩效管理流程，并保证预算的编制、执行、监督、评价、结果应用及问责等环节有条不紊。同时，也要持续探究并确定相关的配套制度，使预算绩效管理体系更完善，并推动财政管理工作达到更高的标准。建立预算管理体系的元素主要包含预算绩效管理的法律法规体系、预算绩效管理的规制体系、预算绩效管理的其他外部配套制度体系三方面。

1. 预算绩效管理法律、法规体系

法律和法规构建的预算绩效管理体系，为预算绩效管理的整个过程提供了稳定的法律支持和有力的法律保护。健全的法制环境能有效减少管理执行的难题，协助预算绩效制度依照事前设定的流程和步调有序推进。要积极推进预算绩效管理的法治化进程，保证其在法律和法规的指导下进行。同时，在现行的法律法规中注入预算绩效管理的相关内容，比如在最新修正的《中华人民共和国预算法》中引入预算绩效管理和预算绩效考评的相关规章。此外，应该在《中华人民共和国预算法实施条例》中明确地规定预算绩效管理的责任主体、管理范围、评估系统及程序等。通过健全的法律机制确立预算绩效管理的发展路径、基础目标、操作流程、职责和主导内容。同时，让绩效思维和标准贯穿于财政执法、执法监察、法治教育等环节，保证预算绩效管理工作遵循法律并

具备可操作性。

2. 预算绩效管理规章制度体系

完善预算绩效管理规则体系包含三个层次。

一是需要从最顶层优化预算绩效管理制度，这包括出台全面推进预算绩效管理的指导意见，明确预算绩效管理的指导思想、基本观念、主导问题等，为预算绩效管理的推进提供宏观指导。同时，根据各地、各部门适应性强的预算绩效管理设计和行动计划，明确预算绩效管理的基本目标、主要任务和重点任务等，为推进预算绩效管理提供整体引领。将预算绩效管理任务纳入地方政府绩效评估体系中，以强化预算绩效管理在政府绩效管理中的重要性。

二是优化具体的预算绩效管理制度。这涉及建立和改善绩效目标管理、绩效监督、绩效评价、评价反馈应用等环节的管理规定，全方位地为预算绩效管理提供规范化的支持。进一步优化社会中介、专家、数据库和档案等的管理方法，完善资产配置标准、部门项目支出标准等体系建设，为预算绩效管理提供管理支持。

三是优化预算绩效管理的操作规则。根据各项法律、法规和管理条例，制定较为规范和统一的绩效管理操作流程和详细规定，设定各相关组织和工作人员在预算绩效管理中的责任，规定标准的操作步骤和质量控制要求，以充分发挥行政事业单位内部管理规定的作用，完善调解机制，并以此为基础建立分级、分类、高效应用且操作便捷的实施细则和业务规范。

3. 预算绩效管理外部配套制度体系

为了加强对预算绩效的控管，必须借助外部系统进行同步操作并配合协作，不能单纯地依靠内部管理。有必要构建一个既精确又实用的政府绩效评估准则和审查工具，优化政府绩效管理的构架，制定出清楚的问责主体、目标、内容及流程等，设立公共部门的绩效问责制度。也应优化预算报告、预算策略、实施报告、财政报告、绩效和责任报告等预算绩效报告制度，发布社会关注的预算支出方向、政府执行成果、责任及管理表现等预算绩效信息，以提高政府活动的透明度。政府在会计和预算方面应适时采取权责制，建立以产出为基准、注重结果成效的全面的财务管理系统，政府应改进决算制度和报告系统，全面、精准地说明预算支出绩效情况，以推动预算管理绩效的全面提升。

（二）完善预算绩效评价体系

预算绩效评估系统是一个由表现指标、评估准则、评估标准及评估方法构成的整体系统。这个系统是预算绩效管理的主要组成部分，并且该系统的完善程度和发展水平直接影响了预算绩效管理工作的进行。

1. 完善绩效指标体系

绩效目标通过明确和量化具体显现在绩效指标上，这是绩效目标进一步分解的策略。绩效目标内置的绩效指标既是绩效评价的步骤，也是构成绩效评价指标的关键构成部分。绩效指标必须与绩效目标紧密结合，内容明了清晰，系统覆盖广，利于执行考核。通常绩效指标需包括输出指标和效益指标两方面。在制定输出指标过程中，应真实揭示预算部门计划完成的产品或服务的情况，根据具体项目进一步细分为数量、质量、时效和成本等指标，而效益指标的制定需呈现财政预测结果的执行程度和影响力，并分为经济效益、社会效益、生态效益、长期影响和社会公众满意度等指标。另外，可以依据项目的特异性和特殊需求设定其他相应的绩效指标，但要严格遵循与绩效目标的强关联原则，以满足对项目绩效评估的需求。

2. 完善绩效评价指标

对绩效目标完成程度进行定量分析，需要制定和完善绩效评价指标。绩效目标可被视为预算绩效管理的关键，对预算的具体执行与绩效管理的成效产生直接影响，因此，准确评估绩效目标对预算能否获得批准与执行起到决定性的作用。在设定绩效评价指标时，应同时考虑"质"与"量"两个维度。"质"通常涉及最终成果，反映了公共资金的运用和公众从此中所获收益，而"量"则是关于政府的工作能力，一般包括输出指标、效能指标和投入指标等。设立绩效评价指标应该遵循相关性、重要性、可比性、系统性和经济性的原则，以最精练和统一的指标全面呈现被评估目标的产出与效果的完成程度。在设计和修正绩效评价指标时，应该涵盖各种相关支出，满足绩效目标的需求，突出地区和部门的绩效特性，具体化和量化各项与项目相关的标准值，构建出能够反映计划、行业、专业、历史等方面特点的评价标准，使指标内容更完整。在评价权重设定研究中，应使用各种科学方法，以合理设定权重分数。

根据涉及的环节，可把绩效评价划为四大部分：投入、过程、产出及效益，而绩效评价的主要焦点在于衡量评价目标的具体产出和效益。因此，在制定明确的绩效评价标准时，必须加大产出和效益指标的权重，保证它们在全部权重分配中占有主导地位。同时，需要精算其他环节的权重，以达成评价内容的全面涵盖，避免出现"偏重一方"的情况。

3.完善绩效评价标准

绩效评价标准是衡量和评估财政支出绩效的度量标准，可分为定性和定量两大标准，而这两个标准根据不同的评估基准可以被进一步分为行业准则、经验准则、计划准则及历史准则等。财政支出效绩评估标准是评定财政支出绩效的关键指标，使用正确的衡量标准对绩效评估结果有巨大的影响。探索科学、合理的绩效衡量标准必须在财政部的引导下，全面地研究财政支出项目的全体性质和个体性质，通过多种渠道收集数据，建立财政支出项目绩效评估标准的数据库，并根据实际需求对这些衡量标准进行及时更新。

4.完善绩效评价方法

绩效评估的主要手段是针对绩效数据进行分析和评价，主要有成本效益分析法、比较法、因素分析法、最低成本法以及公众评判法等。《中央部门预算支出绩效考评管理办法（试行）》已经接纳并实行了成本效益分析法、比较法、因素分析法和公众评判法。绩效评估的方法选择应当遵循简洁有力的原则，根据评估目标的现实情况，科学合理地使用一种或者多种评估方式，公正评估财政支出的经济性、效率性和效果性。

在市场经济环境下的公共财政体系中，社会效益评估是财政支出的绩效评估的主要部分，然而目前暂无能准确简明地评估财政支出社会效益的方法、符合财政支出绩效评估任务的实际需求的方法。在未来的绩效管理研究中，应该重点探究适应社会效益评估的基本方式，比如公众评判法，从而创新财政支出绩效评估方法体系。

总之，对绩效评估标准系统的优化需要强化财政和预算部门等评价主体的作用。财政部门需严肃对待本部门及附属部门的支出绩效的评估和复评，设定和财政预算相匹配的绩效目标，并慢慢将所有财政资金纳入绩效管理的轨道。而预算部门则需要履行自身的绩效评估职责，也要负责下级单位的评估工作，将上级管理部门反馈的建议和下级项目申请挂钩。此外，通过财政和预算部门委任的方式，引进第三方评估主体，以提高评估系统的专业性和技术水准，这样不仅可以更有效地监督预算管理工作，也能加强政府部门与市场的联系。

三、创建预算绩效管理的智库

履行预算绩效管理职责，不仅依赖于齐全的管理架构和评价机制，还依靠高效的团体合作及各参与者互动，并在实施流程中发现和解决问题。因此，有

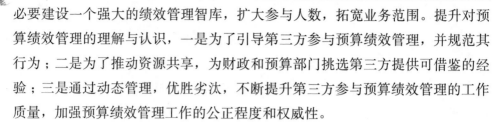

必要建设一个强大的绩效管理智库,扩大参与人数,拓宽业务范围。提升对预算绩效管理的理解与认识,一是为了引导第三方参与预算绩效管理,并规范其行为;二是为了推动资源共享,为财政和预算部门挑选第三方提供可借鉴的经验;三是通过动态管理,优胜劣汰,不断提升第三方参与预算绩效管理的工作质量,加强预算绩效管理工作的公正程度和权威性。

(一)健全专家学者库

在预算绩效管理过程中,尤其是评估阶段,需要处理和分析大量数据,这就要求参与者必须具备专业的知识和技术,并且对政府的预算管理条例有深刻的理解。因此,财政和预算部门需创建一套涵盖不同场景、不同领域、不同专业的专家库,以满足预算绩效管理的智能和专业化需求。创建专家库首先应确定对人才的需求,要追求高质量。在构建不同级别的专家库时,不必逐层创建,应主要建立中央和省两级,并确定每个级别的专家库包括了所有领域、部门和专业的专家。财政部门在需要时,应依照规定的流程和方式从部门库吸收人才,也可自行创建专家库,但必须经过严格审查。各部门应对专家库进行持续维护,并基于专家参与绩效管理工作的态度、能力、道德水平及民主评议的结果,进行科学分类,实现精细化管理,优化人才结构。每年应根据预算管理的需求和财政政策,定期定量地更新专家库,引进创新人才,并对专家进行相关培训,及时借鉴国内外适合发展的经验和教训。基于"建设者负责保养"的准则,财政部门应对自己建立的专家库进行维护。最终目标是打造一个资源共享的环境,由财政部门主导,设立相应的平台,以实现信息共享。

(二)健全中介机构库

中介机构库包括会计师事务所、资产测评和业务咨询等社会中介力量,其主要的功用是给预算绩效管理供应人手和技术的援助,满足实际工作的需求。目前,我国正在落实的绩效评估制度已经引入了社会公众的参与,然而在建立中介机构库的过程中,依然需要不断的改进和优化。

对那些给予技术和人力援助的中介资源,比如会计公司、资产评估机构、行业顾问等,全面审查其资格是至关重要的,以确保他们可以满足预算绩效管理的需求。重要的是,预算绩效管理不同于常规的会计年审和资产评估,后者对专业知识的要求相对单一,而前者所涉及的范围和问题更复杂。很多社会中介对预算绩效管理的理解和熟悉程度不够，因此，加强对中介机构的指导和培训，是建设过程中的一项重要任务。在管理系统中，可以建立完善的管理规定，加强管理和规范，特别是注意对中介实体的工作质量的控制，实行动态管理以优化中介资源。

（三）健全监督指导库

监督指导库由人大、政协、纪检监察、审计等相关部门和公众代表共同构成，其主要任务是对预算绩效管理进行监控和指导，这反映出对制衡监督的迫切需求。近年来，虽然政府的监督环境有了明显改善，但社会监督仍有待提升。为了更好地执行监督指导库的职责，应充分联合各相关部门及一部分公众，特别是那些可以代表公众观点的人物，确保各方的参与，形成相互制衡的力量，共同进行监督。各部门应倾听多方工作汇报，以更全面地了解预算绩效管理的运作情况，并积极邀请相关人员参与实际操作，发现工作中的问题。同时，任何监督部门或人员都应将遇到的困难或问题及时反馈给上级单位，通过合适的方式寻求解决。这不仅是对预算绩效管理工作的监督和指导，也是实践民主理财的一种形式，对回应社会需求及提高预算透明度都具有重要的价值。

四、完善预算绩效管理的保障措施

要全方位推动预算绩效管理，并建立一套全面的保障措施来巩固现有的成就，应该从以下五个方向出发，完善预算绩效管理的保障措施。

（一）加强组织管理

各级财政部门和预算部门是预算绩效管理的主要执行者，他们要在推动绩效管理的实施中一马当先，以保障工作的顺利开展。全方位地理解加强预算绩效管理规划建设的必要性和紧迫性非常重要，要发扬其组织领导作用，把预算绩效管理的发展和工作方案的设定视为财政管理科学化、精细化管理的主要任务。每个负责的部门应基于自身的实际情况，成立预算绩效管理的工作领导小组，遵从财政部门统一的指导、预算部门的具体操作、专业机构的配合支持及社会各方广泛参与的领导工作机制和监督约束模式。

（二）加大宣传力度

应当加强宣传工作，随着新媒体时代到来，宣传工具不仅要包括电视、广

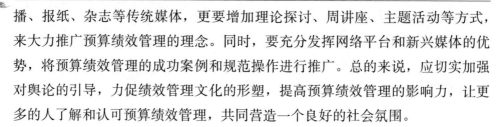

播、报纸、杂志等传统媒体，更要增加理论探讨、周讲座、主题活动等方式，来大力推广预算绩效管理的理念。同时，要充分发挥网络平台和新兴媒体的优势，将预算绩效管理的成功案例和规范操作进行推广。总的来说，应切实加强对舆论的引导，力促绩效管理文化的形塑，提高预算绩效管理的影响力，让更多的人了解和认可预算绩效管理，共同营造一个良好的社会氛围。

（三）健全机构人员

根据地区以及部门进行预算绩效管理的进度，对已经构建单独预算绩效管理机构的，需要明确责任、完善职能，并大力丰富和调配其人力资源。对于还未建设或暂时无法建设单独预算绩效管理部门的，应该明确其工作职责，并在相应的功能部门配置专门的人员。将绩效管理岗位视为培养和提升人才的主要途径，选拔那些德才兼备、能力突出、事业心强、勤于学习、愿意创新的人员加入绩效管理团队，以确保有充足的优秀人才，保障绩效管理工作的顺利展开。

（四）落实经费保障

各级财政机构需要将进行预算绩效管理所需的资金纳入预算，确保工作不会因资金短缺而中断。在拨款时必须确保项目绩效目标的可行性，避免财政资金的低效利用，审批资金后，仍需要进行后续的监督和检查，以确保预期目标的达成，保证每一笔资金都有所作为，消除将资源用于无关项目的可能性。同时，应有鼓励措施，对预算绩效管理出色的地方和部门给予经费倾斜，对审核成果不良或未通过的项目缩减资金，严重时则中止资金供应，以防止资源浪费。

（五）强化素质培训

要完备培训体系，创新培训方法。比如进行专题培训、会议培训，精选出去深造等，"走出去、请进来"的策略也可以采用。同时需要投入更多的力量进行预算绩效管理的培训，提高预算绩效管理工作人员的职业素质。对工作人员个人素质的提升也应足够重视，努力强化服务理念，严守清廉底线，为构建一支具有实干精神、素质良好、作风过硬的预算绩效管理团队打好基础，从而提高整体预算绩效管理工作水平。

绩效概念被引进预算管理已超过十年，中国在不断探索适应市场经济增长的预算绩效管理模式。可以说，从对预算绩效的初步认识，一直发展到现今预

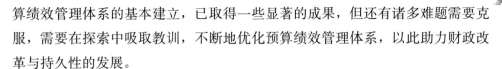

算绩效管理体系的基本建立，已取得一些显著的成果，但还有诸多难题需要克服，需要在探索中吸取教训，不断地优化预算绩效管理体系，以此助力财政改革与持久性的发展。

第二章　预算绩效计划与目标管理

第一节　事前绩效评估

一、事前绩效评估的含义

在制定绩效目标管理中，事前绩效评估占据了重要的地位，也是政府预算决策的重大改革步骤，其目的在于在预算审核过程中增设社会监管，推动决策科学化与民主化，构筑"参与型预算"制度。

在着手开展项目之前，财政部门会依据各部门的战略规划、公司的发展计划及项目的申请动因等要素来进行估计，这个评估的过程往往交由第三方来执行，并且使用科学且合适的评估方式，主要是客观、公正地对项目的必要性、可行性、绩效目标的科学性、财政支持的方式及项目预算的合理性等内容进行评估。

二、事前绩效评估的内容与意义

（一）事前绩效评估的内容

1.项目实施的必要性评估

对项目实施必要性的评估，首先要确定项目开展的基础是否足够强大，并且需评定项目的目标与国家和地区的总体策略、行业规定、主管部门的职责和规划、当时的重点工作是否有关联；项目设立依据的总体策略是否长期有效；项目所在行业环境是否具备长久的活力；项目是否有实际需求，需求是否紧急，是否有可供替换的选项，是否存在明确的服务受众或利益方；项目是否能带来明显的经济、社会、环保或可持续利益，以及项目预计产生的利益可能实现的程度等。

2. 项目投入的经济性评估

对项目投资的财务收益的主要评估手段是采用成本效益分析法，这涉及对项目投资成本的深入探讨。当项目进入实施阶段，计算各种可能方案的成本，然后挑选成本最低的一项作为执行计划。

3. 项目实施的可行性评估

对项目实施的可行性进行评估，主要是对项目组织结构的完整性、工作职能区分的清晰性及管理构架的持续运行能力进行评估；对项目内容的具体性和明确性及与业绩目标的匹配性也要评估；对项目技术方案的完整性和可行性、相关基础设备条件的有效保障也需要考虑；项目单位及项目的各项业务和财务管理规定的完善性，技术程序、标准的完备性及实行有效性也应被评估；对可能出现的财政资金支持方式的风险，是否做出了相应的保证措施等也要予以评估。

4. 项目绩效目标的合理性评估

评估项目绩效目标的合理性主要看项目是否拥有明确的绩效目标，这些目标是否符合部门的长期规划和年度工作目标；项目的产出与效果是否具有关联性，受益群体的定位是否准确无误；绩效目标是否与项目所解决的问题相匹配，与实际需求相符合，并具备一定的远见和挑战性；绩效标准设定和项目之间是否有高度的关联性，是否进行了详细的细分和量化等。

5. 项目筹资的合规性评估

评估合规性的主攻点是排查预算中的各种资金的应用是否都遵守了国家相关的法律法规，项目预算是否充足；项目的预算是否与项目的绩效目标相匹配，投入和产出是否合理；项目资金的来源是否明了，各种资金来源的可落实的时间线和条件是否清楚，以及审查是否有科学且合理的财政资金对项目的支持方案，项目实施过程中各种财政资金的支撑方式与项目的负载能力是否匹配等。

（二）事前绩效评估的意义

事前绩效评估涉及更广泛和更深入的绩效目标管理。它扩大了参与者的范围，丰富了定量分析和评价的方法，并加深了评估要素的深度，从而增强了预期绩效管理的科学性和客观性。此外，事前评估并不是单独执行，而是和过程中的跟踪及过程结束后的评估相互结合，在形成完整的预算绩效管理系统上发挥了作用。相对而言，事前评估在预算申请阶段已经开始，此举在源头上有效地管理了资金的分配，从而改善了财政资源的分配，提升了预算管理的效率和公共服务的品质，为建立"责任政府"和"效率型政府"打下了坚实的基础。

三、事前绩效评估的程序与方法

（一）事前绩效评估的程序

为保证事前评估活动的公平和中立，事前评估活动需要严格并规范地执行工作流程，通常包括事前评估的准备、实施、总结以及应用这三个环节。

1. 事前评估准备

（1）确定事前绩效评估对象和范围

根据区域的经济社会发展需求及年度工作的重点，财政部门确定需要进行事前评估的目标和范围。

（2）下达事前绩效评估任务

各级财政部门下发事前绩效评估任务的通知，确立评估执行方式，界定评估的目的、准则、主题、评估时间及其他需要满足的条件等。

（3）成立事前绩效评估工作组

由第三方机构承接事前的评估任务，并设立预评估团队，进一步负责各事前评估工作的组织与实施。

2. 事前评估实施

（1）制订评估项目计划

评估团队按照要求制订具体的评估实施计划。

（2）前期沟通

评估工作组组织财政部门主管业务处室和项目单位等部门相关工作负责人开展前期见面会，了解项目整体情况，指导项目单位收集准备评估所需资料。

（3）成立专家团队

根据项目的具体内容，选择合适的评估专家，以形成项目评估专家团队。

（4）整理核验信息，实地研究

评价团队整理并核验项目信息，联同行业专业人士等进行实地进行调研。采用咨询行业专业人士、资料查询、问卷调研、电话访谈、集体讨论等方法，从多方面收集项目资料。

（5）进行预先评估

测评小组与专业小组对项目有关资料进行提炼、整理、剖析，完成预先的评估任务。若有材料不齐全或不满足需求者，要求项目组在五个工作日之内递交补充资料，超时则将视作资料缺失。

（6）召开正式专家评估会议

审查小组在审查项目文档、听取项目单位的报告后，对项目的相关性、可能达到的预期绩效、实施方案的有效性、预期结果的持久性及投资的可能性和风险等方面进行评估，最后得出评估结果。在场的专家有权独立发表评估意见，包括对事前评估工作的建议及对项目的评估意见等。

3.事前评估总结及应用

（1）撰写前期绩效评价报告

评价团队依照专家的评价意见，遵循一定的文件格式及要求，撰写事前评价报告，整理事前评估资料。

（2）提交事前绩效评估报告

评估团队需要在专家审查会议结束后的五个工作日内，递交事前评估报告给财政部门。

（3）事前绩效评估结果反馈与应用

财政部门将事前评估结果即时通报给相关主管机构、参与评估的专家，并以此作为预算规划决策的参考。相应的主管部门和预算单位则会据此进一步优化其部门预算管理。

（4）结果汇报

财政部门汇报事前评估结果。

（二）事前绩效评估的方法

事前绩效评估手段涵盖了成本收益分析、对比方法、要素研究法、最低成本法、大众评议法等。

第一，用成本效益分析法对项目进行评估。

第二，利用对比方式，通过评估预期目标与实际效果、过往状况、不同区域和部门在相似预算支出（项目）上的对比，对项目进行分析和评价。

第三，通过全面考察并分析影响项目绩效目标达成，以及实施效率的内部和外部因素，对项目进行估计和评判。

第四，采用最低成本法，对于那些预期收益难以估算的项目，通过全面的分析和计算确定其实施的最低成本，以此对项目进行评价。

第五，项目的评估采取专家评定、公众调研问卷和抽样调查等方式，基于公众的判断对其进行考量。

在选择评估手段的时候，要坚持简便有成效的原则。根据评估目标的具体情况，可以选取一种或多种方式来进行评估。

第二节　绩效目标管理

一、预算绩效目标管理的含义与层次

（一）预算绩效目标管理的含义

预算绩效目标管理是实现预算绩效管理的基础与关键。它构筑了一个动态的预算绩效管理体系，以设定绩效目标为开端，通过目标校验、目标承认、目标执行、绩效评价及结果利用这六个阶段，建立了一个闭环的管理方式。这种预算绩效目标管理的实施，与过去仅在事后对绩效进行评估的预算绩效管理有区别，使预算绩效在事前就可以受到控制。此外，这种方法有助于统筹安排财政资金的使用，进而改善财政支出的构成，同时提升财政资金分配的效益。

设定的绩效目标利于辅助预算部门确立对效率的理解，增强在对项目初步可行性的验证上的力度，抑制项目设定的随意性。此外，设定的绩效目标对预算部门明确职责分工也有助益，可增加部门的责任感，系统地推进每一个任务。与此同时，制定绩效目标对财政部门实施高效的财务统筹，提高财政支出的结构优化，提升财政资金的使用效率也大有裨益。

（二）预算绩效目标管理的层次

从整体至局部，预算绩效目标管理可以被划分为政府层面的设定目标、部门的总体支出绩效目标、政策绩效目标，以及项目支出的绩效目标。

1. 政府目标

政府目标其实是对其宗旨的详细表述，它明确了政府的职责，也是政府战略行动想要实现的预设结果。而政府职能，是指政府作为国家管理的执行机构，

在合法处理国家的政治、经济及社会公众事务时应负的责任和拥有的能力。

2. 部门整体支出绩效目标

部门整体支出绩效目标展示了财政部门（单位）履行职责所需、管理和利用的公款预期的产出和效果。换句话说，该部门的综合性支出绩效目标具有全局性，它反映了财政部门（单位）的整体目标及部门的责任履行情况。

3. 政策绩效目标

政策绩效目标就是全面展示政策公共投入和实现政府战略、社会与经济发展计划之间的相关性、经济适用性、益处及效率，从而实现政策资源的高效分配。

4. 项目支出绩效目标

项目支出绩效目标是预算部门或单位在实施具体项目并运用财政资源时，希望在一定的时间范围内实现的产出和效果。

二、预算绩效目标管理的程序

（一）绩效目标设定

设定绩效目标就是各部门或其相关单位依据部门预算管理和绩效目标管理的要求，制定并提交绩效目标给财政部门或其他相应部门。在策划新一年预算的时候，需按照政府预算的总体要求、财政部门的具体需求、国家的经济社会发展战略、部门职责和事业的发展计划，对资金需求进行精准和合理的估算，并要设立预算的绩效方案，提交绩效目标。呈交的绩效目标应与部门的目标密切挂钩，应具体、可测量，并能在确定的时间段内完成。对编制的预算绩效方案应详尽地表述为实现绩效目标预期需要的工作程序、方式、所需资金、信息资源及明确的职责分配等。

根据"资金申请者负责设定目标"的原则，各部门和其所属机构都需要设置自己的绩效目标。在项目开支的绩效目标形成并被纳入各个政府部门的预算项目库前，须由财政部门审批。基层组织在申请预算时也需建立自己的绩效目标，并在预算申请时让上级单位审定。部门或单位的总开支绩效目标需要在预算申请时一并提出，编制本级的开支绩效目标，并对下属单位的绩效目标进行汇总、审定，然后依照规定交给本级财政部门。绩效目标应清楚地指出预算资金的预期产出和效果，并使用相应的绩效指数将其精细化和量化。主要包括：

预计产能，指的是在一定时间范围内预算资本可能提供的公共产品和服务的状态；预计效益，指的是前述产能可能对社会、经济、环境等产生的影响以及服务受众或项目受益者对该产能和影响的满意度等。

绩效指标是对绩效目标进行深化和数字化的阐释，主要涵盖了产出指标、收益指标及满意度指标等。

（二）绩效目标审核

1.绩效目标审核的内涵

绩效目标审核是指财政部门或各个机构对相关部门提交的绩效目标进行审查并确认的过程，这个过程中，部门将各项审核观点回馈给相关单位，以便调整和完善绩效目标。

财政部门和各个部门以预算管理层次为依据，遵循"负责分配资金即负责审查目标"原则，对绩效目标进行审核。当工作需要时，绩效目标可以由第三方代为审核。财政部门根据国家相应政策、财政开支方向和重点、部门职责及行业发展计划等因素，来审核单位给出的绩效目标，这包括评估绩效目标与部门职责的关联性，评定实现绩效目标所采取措施的实施可能性，考察设立绩效指标的合理性及审定实现绩效目标所需资金的合理性等。

在部门预算审核的主要环节中，对绩效目标的评估至关重要。如果绩效目标未能达到标准，财政部门或中央部门有权进行核查，并应推动上报单位及时进行更改和完善。只有当上报单位满足审核条件，其项目才能入库，并开始下一轮的预算审核。各部门应对其所属单位提交的项目绩效目标和各部门或单位的总体绩效目标进行审核。经过审核的项目绩效目标需提交给财政部门备案。对于拥有预算授权的部门，他们有责任评估预算部门提交的项目绩效目标，并据此提出资金分配建议。

2.绩效目标审核的内容

（1）完整性审核

绩效目标的内容是否完整，绩效目标是否明确、清晰。

（2）相关性审核

是否将绩效目标的制定与部门职能、业务发展策略相联系，是否为所提交的绩效目标配备了相应的绩效标准，这些绩效标准是否经过详细化和量化。

（3）适当性审核

检查资金规模与绩效目标是否适合，比如在已定的资金规模下，绩效目标是否过高或过低。相对地，对实现预期的绩效目标，资金规模是否过大或过小。

（4）可行性审核

是否对绩效目标进行了深入分析和合理评估；实行的策略是否确实可操作，且能保证绩效目标按计划完成。全面评估成本和效益，考虑是否需要分配财政资金。

3.绩效目标审核的程序

（1）各部门及其所属单位审核

各部门和其下属的单位，对下属单位提交的绩效目标进行审查，提出审核意见并反馈。根据这些反馈，下属单位对其绩效目标进行调整完善，并重新向上级单位提交审查。在审查通过后，依照流程向财政部门报告。

（2）财政部门审核

提交后，各个单位的绩效目标由财务部门来复核，并在复核过程中出具反馈及审核意见，之后将反馈回原提交单位。各单位需要按照财务部门的反馈及审核意见去修订和优化相关的绩效目标，然后提交给财务部门复核。依据绩效目标的复核结果，财务部门将提出预算计划建议，并将之与预算款项一并分发到各个单位。

（三）绩效目标的批复和应用

在遵守"谁批复预算，谁批复目标"的规则下，各部门包括财政部门在对年度预算给予通过或是调节预算的时候，也应审查绩效目标。这些被批准的绩效目标应该清晰和可量化，方便在实行预算和预算实施完毕后进行绩效评估的对比。通常，整体支出的绩效目标、绩效评估领域的项目支出及一级项目的绩效目标，由对应层级的财政部门审批；部门管辖的机构的整体支出及二级项目的绩效目标，由相关部门或其所属的机构根据预算管理等级审核。

绩效目标一旦确定了，一般来说不会进行修改。然而，如果在实施预算过程中由于特殊原因需要作出调整，应根据绩效目标管理规定和预算修订流程提交申请。每个部门和所属机构应根据已批准的绩效目标进行预算执行，并以此为基础进行绩效监测、自我评估和绩效考核。

（四）绩效目标的公开

绩效目标设定情况应当按照政府信息公开的有关规定在一定范围内公之于众，积极接受社会的监督，加强各个部门的责任感，以此提高预算资金实施效果。

第三节　预算评审与项目审批

一、预算评审的概念与内容

（一）预算评审的概念

评审是一种行为，是通过活动来确认主题事项在符合设定目标的适当性、充实性和有用性上的实施过程。而预算评审则是财务部门运用专业技术和工具，对预算项目的基本信息、资金来源、财务预算制定及财务最终结果进行的评价和监控活动，此举的目的是有效执行预算法案。至于对财政预算的执行和调整所实施的监督，则不应归属于预算评审，以免与其他的过程监督机构之职责相重复。在编制阶段的预算评审中，将通过监督活动来提升预算编制的质量，并对财政预算的编制成果进行审查，而在决算阶段的预算评审中，为了优化财政预算的执行效果，会将注意力放在对实施后的财政预算成果的监督上。

在批准项目预算前，政府部门会组织专家小组进行政府预算项目的评审，这是一个依照标准程序和公正准则由专家小组对项目预算给出咨询和评判的过程。主要是对项目预算申报的目标关联性、政策一致性和经济适应性进行评估，以提供给政府部门在做项目预算决策时的咨询建议。

在进行预算审核时，要坚守独立、客观、中立和科学的准则，并主动接受各相关方的监督。

（二）预算评审的主要内容

1. 对项目的完整性、必要性、可行性和合理性进行审查

（1）完整性

重点关注的是项目申报过程是否遵循规定，项目申报信息填报是否详尽，

项目申报所需的文档资料是否准备妥当等。对财政支出项目来说，主要看项目内容是否适合项目功能、是否覆盖了项目的所有功能、是否满足项目目标的需求、项目的内在含义及外在扩展是否衔接等方面。

（2）必要性

重点在于考察项目开展的理由是否充分、是否紧密关联到部门的职能和宏观政策、是否和其他项目存在冗余和重合等因素。对于一个财政支出项目来说，立项的前提是该项目立项的必要性。主要检查项目是否适应国家经济和社会的发展路线，是否契合中长期发展规划及努力方向等相关的政策、法律体系，是否适应部门的工作目标，是否在公共财政资金支持的领域和力度上符合规定，是否与单位的工作职责相契合，项目的推行是否能有助于完成行政工作任务或推动事业的进步，等等。

（3）可行性

核心在于检验项目启动的实施方案是否行得通及是否具有足够的实施条件等。主要包括预算项目的落地是否具备可操作性、实施条件是否全面、初期准备工作是否充实、如何与其他相关的项目或主题进行配合、操作流程是否合规等因素。经过一系列审批，对项目投资的预算范围、技术要求、人力资本、管理框架等进行评价，确认在当前的政治、经济、科技以及社会环境条件下，综合经济效益、社会效益、生态环境效益的反思后，财政对这个项目的投资实际上是可行的。

（4）合理性

关键在于项目开支的真实程度和规范性，对预算需求和绩效目标的科学合理性进行检验。另外要评估项目的实施内容和其功能定位的相符程度，项目的工作量和实施内容的平衡性，开支的范围和构造的适当性，费用标准是否适用于项目功能定位等方面。尤其需要防备两种做法：一是过度夸大项目的投入导致资源浪费；二是为了得到项目投资而人为降低投入，最后可能造成"陷阱工程"。

2. 项目的绩效目标审核

对绩效目标的格式进行审查，看其是否合规、材料是否齐全，同时检验绩效目标本身是否具有明确性和清晰性；审核绩效目标的设置是否与部门职责、业务发展策略、项目执行细节相符，是否挑选了重要的指标，以及绩效指标是否被细分和量化；审核预计的成果是否显著且适当，同时审查资金量和绩效目标是否相适应；对绩效目标进行评估，审核是否已经有充足的依据和正确的估算，是否与现实情况相符，实施的方法是否真实有效，是否能按时达成绩效目标。

二、财政预算评审的特点

（一）融合了社会管理和经济管理的双重特性

财政预算随着国家的建立而诞生，是国家在经历了一定周期的财政发展后的产物。作为财政体系的核心，财政预算不仅反映了国家财政的重心，也是政府调控经济和社会发展的主力工具，是政府履行职能和表达社会经济发展意愿的策划文档。它涵盖了政府财政的所有行为和策略，需要由政府提出并得到立法机构的审核及批准，因此，它具有明确的法律特性。财政预算的制定必须遵循严格的法律程序，按法律的规定准确确定其收支额度和方向。

预算审核的形成是为了满足预算管理的需求，而如今作为财政预算管理的关键环节被列于预算管理的领域中。公共财政管理作为政府的主要责任，构成了现代国家公共财政构架的核心部分。合理的财政活动安排和科学的规定可以直接反映出政府的政策方向，更影响着全局经济的运行，对我国的经济增长十分重要。从这个角度讲，预算审核具有很高的政策性，且一定要遵循财政管理的规定。因此，预算审核在实施过程中，需要综合考量定量与定性的因素，针对预算开支与政策目标的关联程度予以评判，对预算开支覆盖的各类无法量化的政策问题作出裁定。

（二）评审结果存在一定的非精准性

预算管理的核心是对未来的经营活动和财务结果进行估算和策划，同时监控行动计划的实行，对比实际成果与预测目标的偏离，实时调整和改良各类管理手段，从而协助决策者完成有效的管理和战略目标。公共预算主要着重于公共财务的分配管理，按照法定流程进行制定与执行，公共财务的收支计划也成了政府财务管理的关键手段之一。然而，预算制定是预算管理的基础，主要目的是预测和规划未来的活动，但未来的活动可能会有变化，而预测的不确定性也使预算制定和评价中存在一定的模糊性。预算制定需要高精准和细微，但是由于其预测性和未来性的特点，比起其他工作如会计、审计等，做到完全精确是几乎不可能的。

（三）评审标准存在一定的变动性

在当前评审准则和评审标准尚未确定的情况下，已经制定了支出标准的项目可以依照这些标准进行预算审查。为了进一步深化部门预算改革，规范项目支出的定额标准，增强预算管理的科学性与精确性，财政部开始大力推动预算标准体系的构建，并陆续公布了《中央本级项目支出定额标准管理暂行办法》（财预〔2009〕403 号）、《中央本级项目支出定额标准体系建设实施方案》（财预〔2009〕404 号）及《关于加快推进中央本级项目支出定额标准体系建设的通知》（财预〔2015〕132 号），同时积极制定一系列项目开支标准。各省市根据自身条件，也制定了相应的支出标准。但是由于地域、项目、时间等因素的差异，同一项支出的大小可能会有所不同，因此同一支出标准不能适用于所有项目，需要在调整支出标准时兼顾到经济社会的发展变化等因素。

动态优化是项目经费管理的核心理念之一，也就是说，在保证准则相对稳定的基础上，根据社会经济以及技术层面的演进，对规则进行动态调整。但由于调整的实时性，在预算审核阶段，需要依据当前实际状况，对部分项目经费标准作出相应调整。尤其需要指出的是，项目支出的标准系统还有待完善，预算审核的准则尚未确定，预算审核的标准系统尚未构建，大部分项目还未有统一的预算审核标准，这导致预算审核标准存在一定的变动。

三、预算评审的目标与模式

（一）预算评审的目标

财政预算的审查是预算制定步骤的一部分，也是预算绩效管理的前端工作。其主旨在于让财政公共款项得到合理利用并充分发挥其效益。核心目标在于增强预算编制的品质，改善预算资源的分配，合理节约公共财政资金，健全相关体制，并对政策体系进行完善。

（二）预算评审的模式

按照财政预算评审的开展方式，预算评审可以归纳为以下四种模式。

第一，让立法部门或政府制定有关财政预算评估管理的规章制度，并对财政预算评审单位赋予权力，让他们对财政项目的预算与决算进行检查和评价。

第二，财政部门设立关于财政预算评审管理的制度和规定，并让财政预算评审机构进行财政预算评审工作。对于需要委托社会中介机构的评审工作，也由财政预算评审机构负责实施。

第三，年度的基础设施建设项目评估任务，可以完全交由财政预算评估部门执行，制订出年度的财政预算评估计划，并通知待评估单位。这样能使评估部门按计划有效地分配人力资源，增进工作效率。

第四，财政部门把预算评审任务交给财政预算评审机构或社会中介机构执行。

四、预算评审的流程与方式

（一）预算评审的流程

在实施过程中，评审小组可以根据项目的复杂程度和资料的准备情况，采用如现场审核、递交资料审查或者是进行现场交流后再进行集中审核等方法。对于那些资料不多的项目，可以使用递交资料审查的方式；对于那些资料数量庞大，内容繁杂，并且需要频繁地与项目申请单位进行交流的项目，则可以使用现场审核的方式。

财政支出项目的预算评估流程通常涵盖了前期准备、制定评估方案、进行评估、编写并审查报告、提供报告及案件归档等步骤。

1.前期准备

前期准备阶段一般包括评审任务接收、评审对象确定、评审工作组组建和基础资料收集审核等，具体如下。项目评审负责人接到评审任务通知书后，查询项目申报方案和绩效目标表等预算资料，确定评审对象、范围和评价目的等。通常构建评估团队的成员，会涵盖评审中心的员工、中介组织的人员及行业内的专家。工作组应具体负责整个评价的组织指导工作，确定评价机构，制定或审核评价方案。评审工作组应及时联系项目单位，了解项目情况，拟订资料清单，从事资料的收集、审核及交接工作。同时评审工作组要通过多种渠道收集相关政策制度文件和标准规范等，做好评审准备工作。

2.制订评审方案

在前期准备工作基础上，评审工作组要对预算评审任务进行总体分析，初步确定评审方式、评审原则等，拟订评审工作方案。项目评估的全套计划囊括了项目的大致情况、评估的基准、评估所需内容、评估的策略与关键点、评估的技术、评估团队、时间的筹划等。批量项目可在合理分类的基础上，制定整体评审方案，分类体现上述要素。

3. 实施评审

依照审查计划，进行项目预算的评估。项目预算审查的核心是全方位地审核项目的完全性、必要性、可行性及预算的合理性。

评审工作由各类评审人员通过任务划分来实施。评审中心的人员主要担当评审业务的联络和沟通、对政策的理解和把握、评审进度的管理、评审结果的复核及事务所工作人员和行业专家的协调等组织性任务。行业专家则发挥其专业优势、对项目的必要性和可行性进行评估、对项目的实施方案和绩效目标的合理性进行审查及确认项目预算与项目实施方案及目标的符合程度等。而中介机构的工作人员则主要关注审查项目的资料和预算完整性，确认工作量、材料和设备的市场询价及收集和整理资料等评审预算的基础性任务。

评估一个项目预算的合理性主要有以下几个方法：对于那些已经确立了相关支出标准的项目，比如培训费、国外差旅费等，可以依照已有的标准进行核定；对于物资和设备的价格，可以通过询问市场价格来确定；对于涉及工程维修的项目，可以用工程成本审核的方式，包括对图纸的识别和测量，使用定额和市场价格来确定；如果需要调整项目的实施计划，那么可以通过专家评审，依据他们的专业观点来调整预算。

在审查过程中，需要生成审查任务的基础文稿，该文稿应当涵盖审查主题、审查流程、审查依据、审查结果及创建者和创建日期等信息。对于重要主题的基础文稿，还需附带原始证据或者获取的证据材料。同时，应确保对审查任务的基础文稿进行认真的复核。

在审核阶段，可以建立一个处理重要问题的协商机制，对项目进行深入的探讨，并在必要时邀请专家进行咨询。负责项目审核的人需要负责沟通协调，保证项目质量和进度，并对初步的审核结果进行检查。并与项目的申请部门进行意见交流，据此对初步的审核结论进行修正，从而产生最后的审核结论，并由项目的申请部门签署意见并盖章。

4. 报告撰写与稽核

审查报告主要围绕主要内容展开，通常应涵盖基础信息、审查结果、问题以及建议，若存在需要阐述的特殊情况，可以在报告中表达。

初步信息是对项目详细状况的概述，涵盖了项目的背景、项目的具体内容、申报项目的预算以及项目实施的时间周期等。延续性项目还应当包含先前年度的预算审批及执行的情况。审查的结果主要涵盖了项目的完备性、必要性、可行性和是否合理及绩效目标的审查意见。对于预算的调整，应当在适当的分类下，对预算调整的具体情况、调整的因素等做出准确的陈述。

指出的问题和提出的建议主要集中在项目申报、预算编制及管理等领域。对这些问题需要定性准确，同时，提出的建议应当具有针对性。另外，有必要建立审查审核体系，做好对审查报告的内部审核工作，对报告的公正客观、科学合理，以及完备性和准确性进行审核。

5. 出具报告和案卷归档

按照审计意见对审查报告进行修订和完善，遵循设定的流程上报相关部门。同时，切实做好项目审核材料的整理工作，依据规则将工作原稿、审查报告等进行分类存档。

（二）预算评审的方式

基于预算管控级次的多样性，各部门可实行集中评审或分级评审，具体方法将由各部门自主选择。根据项目的不同，可以通过部门的下设审查机构，或者委托具备相应资质的社会中介，或者组建专家小组来进行预算评审。对具有较高的技术性和专业性的项目，交给专业的审查机构。如果需要社会中介机构进行审查，应符合政府购买服务的规定，以政府采购法的具体细则来确定接受任务的实体，并签署委托合同。如果需要专家团队进行评估，应建立专家库，并从中随机选出符合相关专业标准的专家。财政部的审查任务主要由预算审查中心和财政部在各地的监督机构来承担。

第四节　项目库管理

一、项目库管理的概念与内容

（一）项目库管理的概念

根据支出的管理规定分类，单位的预算支出可分为基本支出和项目支出。

基本支出指的是各个部门和单位为确保自身机构正常运行、完成常规工作职责所产生的费用，这包含员工费用和公共费用。员工费用主要指用来维护机构正常运行并可以归入个体的各类支出，而公共费用主要指那些维持机构正常运行却不能归入个体的各类支出。

项目支出指的是各个部门和单位为了实现其特定的工作职责和部门发展目标，除基本费用外产生的费用。这些费用包括基础设施建设、相关业务发展特殊计划、特定业务费用、大型维修、大规模采购、大型会议等项目支出。基本支出遵循固定人员和预定额度的标准，项目支出则采用项目库进行管理。

项目库管理是项目支出预算管理方式的一种革新。为应对政府预算由单纯控制收支的角色向强调预算作为管理工具的角色的改变，项目预算需要从过去的"条目预算"模式转向"项目预算"模式。主要目的在于从传统的注重分配投入和保证支出，转向实践政府主要职责和实施中长期公共政策目标，凸显预算的规划性作用，发扬预算作为政策执行工具的功效。并且推动各个部门改进内部管理，改变行为模式，采用更加高效的手段和方式来完成部门职责。

换言之，项目库管理就是对所有部门的项目进行分类和等级管理，具体来说，就是根据每个部门的职责、行业或领域的规划及项目的详细内容，将所有项目进行汇总，形成一套相对稳定的支出项目。此种项目分类方法客观地揭示了项目的基本特性，因此，可以采用更具针对性的手段来管理，同时根据项目的轻重缓急来规划预算。

（二）项目库管理的内容

1. 项目设置管理

项目的科学规范，主要展现了相关政府部门的重要职能，确保了执行的可行性。在满足运行维护的合理需求的同时，突出重大改革、重要政策及重点项目，这样可以避免交会重复的情况。

为了完善项目的构建，项目应在深度的政策研究和充分的论证基础上设立，必须具有可行性，在预算获得批准后便可立即开始实施。

积极推动部门和行业规划项目的落实，增强规划的可实施性。项目内容需要表述出政府的施政目标、部门的主要责任和发展规划，防止与公共经费和其他项目的重叠和冗余。

"一岗双责"是确定机构内部实施项目的首要原则，在常态下，本级应当担当的职责无法纳入下级机构的预算中。反之，下级单位应承担的项目也不能被纳入本级预算内，管理部门应当完成的任务也不能被记入公共事业单位的经济预算中。

2. 项目管理方式

第一，中央部门的预算项目实行分级管理模式。根据使用范围，部门一级项目可以划分为通用项目与专用项目。通用项目是对应部门共同需求而设立的供各部门互相使用的一级项目。财政部会根据管理的需求来统一设立通用项目，主要涵盖财政分配权部门管理的项目以及集中管理的项目。专用项目是由部门根据自身职责需求设定和应用的一级项目。这类项目由中央部门发起建议，在经过财政部的验证后方可设立。

第二，项目的重要程度决定了其等级。有些二级项目可能被划分为重大改革项目、专项业务投资及其他不同类型的项目。专项业务的费用投资，一般而言是由中央政府的各部门为履行职能，开展专门业务而产生的长期、持久的投资项目，比如大型设施、设备的日常运行费用，法律诉讼的费用，常规的监管、检测、审批的费用以及为国际组织所需的会费、捐赠以及维和支出等。

3. 项目预算评审和绩效管理

将项目评估整合至预算管理流程中，基本上所有进入部门项目库的项目，都应组织审核。同时，财政部项目库中的项目将基于财政部的管理需求进行再次被审核。只有推进全过程的项目支出绩效管理，加强对绩效目标的要求，实行绩效的监管和绩效评估，评估结果的运用才可能得到进一步的加强。

4. 项目执行管理

强化预算约束，在执行过程中除非是救灾等紧急开支，普通情况下不会推出增加当年支出的政策，若有必须推出的政策会纳入未来年度的预算规划；有必要增加当年预算的情况下，首先要通过改变部门当年支出结构来解决。提早做好预算执行前的准备，强化执行的监督，提升预算执行进度。创建预算执行和预算编制相配合的模式。

5. 项目中期财政规划管理

完善项目建设流程，保证国家政策和各个部门、行业的发展策略在实际项目执行中能够实现，提升政策和规划的执行力。所有部门和行业在规划中设立的项目需要与中期财政规划保持一致，合理安排项目的进展速度和力度，推进政策与预算的结合，提高预算的前瞻性。

二、项目库管理的原则与方式

（一）项目库管理的原则

管理项目库应当坚持的原则包括统一规划和分级管理。

统一规划涉及的是项目资料库管理法规、项目提交格式及统一研发电脑应用软件；全国税务总局系统的统一规划则是全国税务总局统一创建项目库管理法规及项目提交格式，同时统一研发项目库应用软件。

分级管理是相关各部门和财政部根据相应的规则，对其建立的项目库进行管理。国家税务总局的分级管理系统则是，省级预算部门根据本地的宏观规划且遵循国家税务总局的相关规定，对本地项目进行深度的研究和验证，然后创建并运营省级项目库，并将挑选出的项目汇报给国家税务总局。随后，国家税务总局借此对省级预算部门提交的各项项目进行核对、筛选、分类和排列，创建国家税务总局项目库，并将其批复给省级预算单位来执行。

（二）项目库管理的方式

项目库里的项目应依照其紧急性和重要性为其安排合理的顺序，并实行滚动管理。

三、项目库管理程序

（一）项目申报管理

1. 项目支出预算的申报

根据财政部门的年度项目支出管理规定，各部门需要依据项目的优先排序情况，将这些项目列入预算与规划中，之后再向财政部门提交预算申请。

2. 项目库的申报

各部门根据项目优先排序情况，将项目申报提交给财务部门，这是按照财务部门规定的年度项目库管理规模（稍高于年度项目花费的规模）来进行的。项目库的提交以及项目支出预算的申报会同时进行，被提交的项目库将涵盖所有已经被纳入预算和规划的项目，对于那些没有被纳入预算和规划的项目，只有当它们的优先排序在前时才可以被选为提交。

（二）项目审核与评审管理

1.项目审核和评审的程序

部门内部的项目评估和审批，由该部门独立决定。部门需要根据部门内的财务分配体制，对评估和审批流程进行规划。预算审批可以采用分层次审批、等级审批或者部门集体审批等模式。

2.项目审核和评审的内容

部门审核主要对完整性、必要性、可行性及合理性等因素进行评估和审核。对于列入审核范围的项目，审核结果构成了项目审核信息的重要部分。

3.项目审核和评审中的项目调整

在进行内部审查和评估的过程中，如果出现项目需要调整的情况，既可由下属单位修订后再次提交，也可由上级单位直接进行修改。关于项目的所有信息，以部门的审核批准为最终参考。

4.项目排序

在项目库内，项目的排列顺序应根据其重要性和紧急性进行适当安排，同时要进行持续的动态管理。

第一，各部门必须优先处理行政工作和事业发展最紧急、最关键的项目，其他的项目则需要排在后面。项目库不仅根据项目申报的时间顺序进行排列，同时也要根据政府预算的收入支出科目（款）类别进行排序。

第二，在财政能力允许的范围内，财政部门应优先考虑各个部门在履行行政职能和发展事业上最急迫的项目，并根据每个部门的项目申报顺序和政府预算收入支出项目种类（款）在项目库中分类排序。

（三）项目支出预算管理

入选项目库的所有项目必须确定具体的绩效目标。假如项目未按规定设定绩效或者绩效目标不能满足规定并且未对其进行调整改善，那么该项目不会被列入项目库。对于已经开始监控的项目，必须进行绩效监控，这一环节在预算执行的过程中非常关键。项目完成时，需由项目责任部门依据之前已设定的绩效目标进行自身效益的评估。在此基础上，政府和财政部将在一些大型项目中挑选出部分关键项目进行绩效评估，并主动推进绩效评价试点的中期进展。最后，绩效评价的结果应与项目库的建设和预算配置紧密联系，进一步完善项目的退出机制。

（四）项目跟踪执行管理

维持项目资金使用的原则应依照预算审定后的功能分类科目、资金用途计划、项目实施进度和相关的合同以及规定的步骤执行。任何涉及政府采购的环节必须严格遵守政府采购的相关规章。强化预算约束，除非面临救灾等突发事件或少数年初尚未确定的事项，一般情况下不会增加当年项目预算的支出，任何必须出台的政策都会在下一年度预算安排时逐步实施。如部门觉得有必要增加当年的支出，应先沿用已审定的预算幅度，通过变更当年支出的结构来解决并依程序申请审批。强化预算实施监管，完善预算资金运用的标准化、安全性和效率性，并做到预算的实行结果与将来的年度预算安排相对接。

第三章 预算绩效运行监控管理

第一节 预算绩效运行监控概述

一、预算绩效运行监控的含义

绩效运行监控，被理解为财政部门、预算部门以及其下属机构根据责任，使用科学且合理的绩效信息汇总分析技巧，对财政支出的预算实行和绩效目标完成水平进行的监督、控制与管理行为。

二、预算绩效运行监控的原则

（一）"双监控"原则

参与预算编制全过程，采用绩效管理的理念和工具，可以将预算和绩效管理完美融合。这样需要同时监控预算执行以及绩效目标的完成情况，实现"两位一体"的监控，这就构成了预算绩效管理的核心思想。

（二）权责统一原则

作为预算实施关键管理流程的部分，绩效监控必须根据"谁支出，谁负责"的原则进行。预算部门和单位是绩效监控的责任主体，承担具体的监控工作。财政部门发挥财政监督作用。

（三）突出重点原则

持续确保全盘与重点的统一观念，预算领域通过绩效运行的监控，全方位涵盖了财政资金，而在全覆盖的基础上，财政部门为主要政策和项目设立了全程的绩效跟追踪系统。

（四）统筹协调原则

在政府运作和政策执行过程中，行业主管部门、党委政府督查部门、人大、审计都会从各自的履职角度出发，对重大政策、投资和项目的实施展开监督，发挥一定的运行监控作用。为了避免交叉重复和力量分散，可以通过部门会商机制，形成绩效运行监控的政策和项目清单，统一方案、统一行动，形成监控合力，确保政策和项目有效执行。

三、预算绩效运行监控的内容

（一）绩效目标完成情况

第一，预计产出进展和发展趋势，涵盖了数量、品质、时间效率和成本等因素。

第二，期待的成果进展和发展方向，涵盖了财务收益、社区利益、生态利益以及持久影响等因素。

第三，跟踪服务对象满意度及趋势。

（二）预算资金执行情况

第一，预算资金拨付情况。

第二，预算执行单位实际支出情况。

第三，预计结转结余情况。

（三）对重点政策和大型项目的效果持续监控

在需要的时候，可以对重点政策和大型项目支出的实施过程、发展方向以及实施方案的调整等方面进行扩展性监督。具体的范围包含政府的采购行为、项目的招标过程、管理和验收环节、信息的公开透明度、资产的管理情况及与预算资金相关的会计核算工作等。

四、预算绩效运行监控的对象

根据绩效运行监控的目标差异，可以将其类别划分为政策绩效运行监控与项目绩效运行监控。正如公共政策专家戴伊所言："公共政策涵盖了政府的所有行为和不采取的行动，它的主要问题所在是关乎政府行为的广泛领域。"

财政支出政策是一种重要的政策手段，它是按照党中央大政方针以及预算

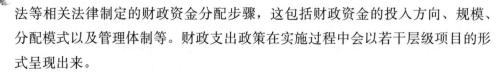

法等相关法律制定的财政资金分配步骤，这包括财政资金的投入方向、规模、分配模式以及管理体制等。财政支出政策在实施过程中会以若干层级项目的形式呈现出来。

（一）政策绩效运行监控

政策绩效运行管理也被称为战略运行监控，包括对战略或政策目标以及预算执行信息的收集和分析，并纠正偏差，同时分析和判断执行阶段的方案是否有疏忽，行政部门的工作流程是否高效，资源的分配是否经济合理以及政策执行者的态度和使用的目标群体是否适当，并进行相应的纠偏。

政策执行效果的实时跟踪和监控可以被视为管理调控的一个环节。一般来说，政策从早期执行到最后达到预期目标通常需要消耗大量的资源，开展众多行动。同时，组织内外环境都有可能发生转变。因此组织的领头人有必要不断进行绩效监控和评估，系统地进行检查、评定和调控政策执行过程，以确保政策与内外环境的相互适应。

1.政策监督

监管政策旨在观察组织的内部和外部可能产生的影响，主要任务是识别和判断对政策的促进或妨碍的因素，这些影响有可能对政策的执行产生干扰。政策监管的活动应尽量保持"非集中化"的状态，应作为一项持续的、宽松的"环境检查"行动进行。

2.政策实施控制

政策的实施通常按照既定的、系统的步骤展开，包括进行计划、投资、执行特殊计划、职能部门发起与政策相关的活动、增加或调动重要人员以及促进资源流动等活动。

政策实施的控制必须在政策执行的过程中进行，其目的是根据政策实施活动所导致的结果来判断是否应该对整体政策做出改变。它有两种基本形式：监控政策重点任务和关键节点审查。

（1）监控政策重点任务

政策的任务自身构成了一个有着相对固定架构的系统，其内部包括整体和局部、主要和次要环节的区别。应在政策制定阶段就要对成功实施的关键事项进行识别并达成一致看法，同时在执行过程中特别关注关键点的实际情况。

（2）关键节点审查

管理层经常会尝试找出在政策执行期内能够实现的关键目标。这些节点可能是关键的事件、重要的资源分配或政策进展中的时间点。通常节点审查需要对政策进行全面的再度评估，决定是否需要调整组织的走向。

监控政策绩效的运行过程可以分为三个主要步骤：一是考察政策的基本构成，二是做出预期结果与实际结果的对比分析，三是实施必要的修正策略。执行政策监控可以透过操作控制系统，比如预算、时间表和核心成功要素等。设定绩效标准、量化实际的绩效表现、识别并修正偏误、施行改良方案，这四个步骤是建立高效管控系统的基本流程。

在实际操作中，全面质量管理以及公共部门平衡评价卡被广泛采用作为政策执行的评估工具。全面质量管理聚焦在政策执行流程中的运营监控。公共部门平衡评价卡需要对其标准模板进行改良，将用户或利益相关者放在首位，强调公共部门的独特职能，同时考虑公共部门的其他关键因素，在完成公共部门任务的同时保障执行的效果，它是监控政府政策运行的关键途径。

此外，定期召开运营回顾会议和政策回顾会议是对政策进行有效监控的重要方法。通常为满足周或月的周期性需求，运营回顾会议被安排举行，主要专注于部门内政策执行的常态化情况。通过观察运营指标，可以得知政策在日常中的运作状况，这是一种持续的政策监控工具。按照每月或每季度的频率，召集政策回顾会议，对关于政策的跨流程、跨部门的关键议题进行深入研究和讨论，有时也会对政策效果的标准和指标进行必要的调整。

监控政策绩效的运行不仅有助于分析执行政策者的责任履行情况，还在管理层面发挥着关键作用。很多政策并未按照原初规划执行，是因为诸多因素对政策执行产生了影响，包括执行人员和设备的短缺，或其他外部因素对执行人员的阻碍，执行人员对执行任务的知识欠缺以及目标群体的难以确定或配合欠缺。这些影响因素都可被视为管理修改方案的参考点，即可能出现的执行问题及其解决策略；决定政策执行的可行性；所需要的执行人员的技能和条件；当在执行政策的过程中遭遇其他因素影响时，应如何调整政策内容以实现政策目标。

从政策执行的角度出发，可以总结出政策运行监控的基本框架。

（1）内容摘要

内容主要说明政策执行运行监控的对象，包括政策名称、进行评估的理由、评估后的主要发现和建议。

（2）政策背景与政策环境

阐述政策生成的过程、追求的目标以及可以动用的资源，具体包括政策的背景、来源、目标、历史背景、政策的针对群体以及行政策略和安排。

（3）已经确立的政策的主要特性

比如政策执行计划的含义，执行过程中所需的材料，负责实施的工作人员，目标群体的状态以及执行的步骤等。

（4）描述执行评估

这个部分主要讨论评估的政策活动，包括执行评估的重点、执行评估的环境，也就是了解原定政策与执行的政策是否相符合，以及是否有时间或经费上的限制。

（5）总结及关联思考

主要讨论的议题包含每个地方是否符合目标群体的期望并按照计划执行，存在哪些可能需要删减或修改的政策元素，是否所有的资源配置都十分妥当，实施的行动是否与政策目标相符，目标群体的参与情况以及执行者是否遵循规定并负责任的情形。

（二）项目绩效运行监控

在项目实施阶段，项目绩效实行监控的依据是预期的项目目标，从经济收益和社会收益兼顾的整体角度出发，对项目的设计、策划、实施等做全面的检测、论证和评估，以此形成对项目整体的评价，为项目的推进提供充分的决策根据。

控制目标是项目管理的主要职责，所有有关项目的工作都是为了达到对目标的有效管理。监控项目的运行效果主要是为了规定项目的实施行为，防止问题发生，确保项目目标能够顺利完成。针对项目进行的绩效运行监控，主要包括范围监测、时间与进度监测、质量控制、风险控制等方面。

1.项目范围监测

项目监控的覆盖广度包括其最后的产品或服务以及相关的具体任务。相对来说，项目涉及的各种利益集团多，项目的持续时间长，需要大量的资金投入，并且在项目的长期实施过程中，会有各种复杂多变的因素导致范围的改变。因此，项目范围的调整经常会导致项目的时间和成本变化。保证项目范围的合理性，防止无谓的范围扩大，应该是项目监控评估的重要职责。所以应该在项目规划初期就明确项目的整体范围，并建立一整套完善的项目变动的监控评估管理流程。

2. 项目时间与进度监测

监控项目时间与进度主要指务必保证项目在既定期限内完成每个阶段的工作，确保项目整体进展顺利并能准时完成。在对时间和进度进行评估时，项目负责人需明确规定进度的关键节点，跟踪每项分担下来的任务，然后对比实际进展和预期进度，从而控制项目的日程与预算执行情况。在监控过程中，一旦发现实际进度和预计进度有所偏差，也就是时间出现了偏移，那么就应立刻进行深入分析找出原因，评估此情况对后续工作可能造成的影响，进而迅速采取必要的调整措施。

3. 项目质量监测

项目质量管理的执行需要在项目质量的政策方案和准则等制度体系中进行，对项目及其产品和服务的质量做持久的策划、实行、监督及改进。质量的监测和评价是质量管理体系的关键环节，也是确保项目质量的主要方式。开展量监测和评价需要持续不断，要随着项目进展做跟踪监测，并记录项目执行活动的质量结果，分析引导项目效率低和质量欠佳的问题及其缘由，通过实行质量改善方案来提升项目质量。

在进行评价时，必须将项目的管理和产品纳入考虑范围，质量标准不仅涉及项目的进展，也关乎项目的产品，主要应用的质量监测评定技术有控制图法和核查清单法等。

4. 项目风险监测

在项目实施过程中，持续地监视和管理风险是关键，其中既包括风险的监测，也包括对风险的控制，涵盖了项目的全部实施过程。需要不断地监测、评价项目中已经识别出来的和可能出现的风险，并进行有效的控制。主要任务包括建立项目的风险评估和管控体系、识别和跟踪风险点、关注可能出现的新的风险、完成风险管理方案的优化工作、降低风险等级，以实现项目的安全运行。在项目的实施过程中，风险的出现既有规律性又带有随机性，因此，需要根据实际情况进行定期或者实时的风险监测。风险监测的主要工具和技术包括项目风险应急审查、定期项目评级、净值分析、技术成分的衡量、应急风险计划的附加、独立风险解析等。

第二节　预算绩效运行监控的实施和应用

一、预算绩效运行监控的规划

（一）做好监控准备

在构建监控系统前，了解政府是否已有条件创建、使用和持续执行监控和评估系统，这便是监控准备。监控准备需要关注监控的动机和需求、职责人的分工和机构能力等，还要明确绩效运行监控的意图，清晰界定监控的对象。监控目的主要包括以下几个方面。

1. 服从

用以监测政策执行主体是否忠实地执行政策制定者的意愿和目标。

2. 审计

用以监测公共政策的标的团体是否真正得到了政策所进行的利益、资源和服务分配。

3. 会计

在政策执行过程中，发布经济社会统计指标和信息。

4. 解释

通过对政策过程的监测，解释政策结果产生的原因及政策成败的原因。

此外，还需要进一步审视绩效运行监控的能力储备，通常包括对项目的规划和处理能力、数据的解析能力、设定项目与计划目标的能力、预算控制能力以及绩效评估能力。

（二）形成成效共识

对于绩效运行监控应该把结果作为重要的指向，确立目标成果是构建以结果为中心的监控体系中一个关键步骤，这个体系在核心上是一个推断流程，需要从目标成果的确立中推测出投入、行动以及产生的效果。形成成效共识的程序主要包括如下内容。

1. 确定具体利益相关者代表。

2. 确定利益群体的主要观点。

3. 将问题转化为积极成效。

4. 分解抓住关键成效。

5. 确定计划评价政府或组织如何达成成效。

（三）开发监控指标体系

成效指标是对成效的量化描述。比如"改善国内儿童的学前教育状况"是成效，衡量这一成效的指标则可以设置为"城市适龄儿童接受学前教育的比率；农村适龄儿童接受学校教育的比例"。制定的成效评价标准应遵循CREAM法则，也就是要求具备明确性（Clears）、相关性（Relevant）、经济性（Economic）、充实性（Adequate）、可监测性（Monitorable），能独立考核。

设置成效指标的时候，除独立开发外，还可以使用代理指标和预设指标。在无法找到适合的直接度量、数据获取成本昂贵或实施定期数据收集难以实现的情况下，可以借助一些相关的替代标志物来作为代理指标。预设指标则是事前设定的、已经被人们广泛采用的成熟指标。

在完成了以上任务后，必须建立一项关于绩效运营监测的执行计划，该计划需要涵盖时间表、人员分配和成本计算等相关内容。

二、预算绩效运行监控的实施

（一）建立绩效运行的组织体系

合理划分绩效运行监控的责任主体是绩效运行监控的关键。

1. 财政部门职责

（1）建章立制

财政部门制定绩效运行监控的制度和工作规范，为部门（单位）开展绩效运行监控提供基本框架和指导原则。

（2）指导监督

对预算部门的绩效监控进行总体组织和指导，通过监督、检查等方式监督和指导部门（单位）开展绩效监控。

（3）开展重大政策和项目的监控

财政部门独立或者会同其他各部门开展重大政策和项目的绩效运行监控。

（4）督促绩效监控结果应用

对于存在重大问题的政策和项目，财政部门需要暂时搁置或阻止其预算分配，并督促它们实时进行整改落实。表现良好的政策和项目应优先得到保障，对于表现平平的政策和项目，需要督促其改进。对于存在冗余、零碎的政策和项目需要进行调整。对于无效、低效的资金应该全面削减或取消，对于长期未用的资金应全部回收，并依照相关条例，统一分配到亟须支持的领域。

2. 预算部门（单位）的职责

实行预算绩效监督的责任主要在各个部门和单位，主要职责如下。

（1）组织实施

预算部门（单位）根据本单位的实际和特点，制定本部门（单位）绩效运行监控的实施办法和细则，为开展绩效运行监控提供组织、管理和技术方面的指导。负责预算绩效监控的主要部门被指派来管理和组织本部门，对下属单位的绩效监控进行指导和监督，设定明确的工作目标，并强化绩效监控的结果的应用等。根据规定，要向财政部门提交绩效监控的结果。

（2）开展日常监控

依照"谁支出，谁负责"的理念，负责预算执行的单位（含部门主体和下属机构）需要进行常规的预算绩效监控，并定期汇集、审核、分析汇总和填写绩效监控数据。同时，对于偏离绩效目标的原因进行分析，适时采取改正措施。

（3）整改落实

接受财政部门和相关部门的监督检查，根据整改意见，完善预算支出管理和绩效管理。

3. 第三方参与

对于任务繁重、技术复杂的项目，财政部门可委托专家、中介机构等第三方具体实施。

（二）确定绩效运行监控的方式

1. 日常跟踪

日常跟踪指的是预算单位在预算实施过程中，定期对预算执行和业绩表现进行的监控、检查和评估活动。一般要求财政部门会同其他各部门（单位）对重点项目实施全过程日常运行监控，及时发现问题，及时调整、纠正。

2. 半年总结分析

预算部门或单位会依据项目的具体特征和绩效目标的重要程度，结合日常的跟踪情况，对部门或单位的整体以及项目财政支出每半年进行一次全面的评估和梳理。总结分析结果需要报送财政部门，并接受财政部门监督检查。根据财政部公布的《中央部门预算绩效运行监控管理暂行办法》通知要求，在每年的 8 月份，中央各部门要对前 7 个月的预算执行状况和绩效目标完成情况进行一次完整的绩效监控总结和分析，具体的操作流程如下。

（1）搜集绩效监控数据

预算落实单位根据核准的绩效目标，重点搜集关于绩效目标执行状况的监控数据。

（2）解读绩效监控数据

在搜集了所需的绩效数据后，预算实施部门会对未达到绩效目标的原因进行调查研究，预测全年绩效目标的完成情况，并对预期年末无法达成的目标的原因及计划的改良方案进行详细说明。

（3）填写完成绩效监控表

根据绩效监控的数据分析，负责预算执行的部门需要填好《项目支出绩效目标执行监控表》，年度预算执行结束时，这个表格作为绩效评估的参考依据。

（4）递交绩效监控报告

相关部门年度集中绩效监控任务一旦完成，及时总结经验，发现问题，提供整改方案，并撰写本单位的绩效监控报告，并将所有一级项目的《项目出支性能目标执行监控表》交至对应的财政与预算单位。

（三）收集指标的基线数据和现实数据

基线数据是项目实施之前各项指标的起点数据和参照数据。在建立每个指标的基础数据时，需要特别注意数据的源头、搜集数据的途径、责任人、频次、数据采集的开销和复杂性、数据分析的负责人、数据报告的主导者以及数据的使用者等。

数据收集的方法是多元的，包括观察、访谈、问卷、量表、统计资料、样本调查、现场试验等获取数据的方法。

三、预算绩效运行监控报告和结果运用

（一）预算绩效运行监控报告

关于绩效运行的监控报告，其构成主要由正文和附件组成，编写这一报告的前提是信息必须充实且真实，数据的准确无误以及客观公正。正文部分则应涵盖以下的核心内容。

1.绩效运行监控工作组织实施情况。

2.年度预算执行情况。

3.绩效目标完成情况。

4.存在的问题及原因分析。

5.下一步改进的工作建议。

6.其他需要说明的问题。

（二）预算绩效运行监控结果应用

绩效运行监控结果应用包括以下两个方面。

1.财政部门

财政部门在绩效监控结果应用中主要职责如下。

（1）财政部门将绩效监控结果作为以后年度预算规划和政策立法的参考。

（2）对相关部门绩效监控结果进行审核分析，对发现的问题和风险作出判断，推动相应机构改良管理，确保预算资金的安全有效。

（3）相关部门预算绩效管理工作考核的内容包括绩效监控情况。

（4）把是否进行绩效运行监控作为执行财政绩效评估的关键参考依据。

2.预算部门

预算部门需要利用绩效监控数据，深度研究预算实施滞后和绩效水平较低的具体原因，对在绩效监控中检测到的绩效目标偏离和管理缺陷，应马上实行分类处理进行修正。

对于预算执行进度滞后或预计无法达到绩效目标的情况，若其原因在于政策性改变或未预见的事件等客观因素，需要遵循实事求是的原则，依照规定程序适时削减预算规模，同时相应地调整绩效目标。

比如在绩效监控中发现重大问题，或者预算执行和绩效目标有较大偏差，

或早已或可能先行引发大规模的损失、浪费或风险等情形，必须及时终止项目的进行，根据相应的程序调整预算，并截止资金的投入，以便能即刻修复错误并避免更多的损失。如果在绩效监控的过程中发现有违反财政规定的行为，依应据《中华人民共和国预算法》和《财政违法行为处罚处分条例》等相关规定追究责任，并反映给同级政府和有关单位，作为行政问责的依据。对于发现的重大违纪违法行为的线索，应迅速移交给纪检监察部门。

第四章　预算绩效评价

第一节　预算绩效评价指标体系

一、绩效评价指标体系的概念与分类

（一）绩效评价指标的概念

在实施预算后进行的绩效评估中需要使用绩效评价标准，其主要作用是评价绩效目标的达成水平。绩效评价标准也是财政支出绩效评价工作的基石，可以用来检查并评估预算的投入、过程、产出和效果是否与财政支出的经济性、效率性及有效性相符。

（二）绩效评价指标的分类

1.按照绩效评价指标的适用范围划分

根据绩效评价指标的应用范围，可以分为共性指标和个性指标。

（1）共性指标

财政部门统一确定了一些共性指标，适配于所有的评议目标，主要覆盖了预算的编制和执行情况、财务管理的现状、资产的分配、利用、处理和其他收益管理的状况，同时包括了社会和经济效益等方面。

（2）个性指标

个性指标是由预算部门与项目执行部门联合根据财政部门或项目的独特性共同制定的一个标准，这一标准适用于不同预算部门或项目的绩效评估。

2.按照绩效评价指标的性质划分

根据绩效评价标准的特性，分为定性指标和定量指标。

（1）定性指标

定性指标即那些无法用数值进行分析评估，而是通过对评价对象进行客观描述和定性研究来表现出评价结果的评价标准。

（2）定量指标

这个度量标准是基于预算开支的各种财务信息和工作目标的分析建立的，它通过数字分析，用具体的数字来呈现和评估结果。

3.按衡量目标层次划分

依据衡量目标的层次，可以将绩效评估的标准分为产出指标、效果指标以及影响指标。

（1）产出指标

产出指标是预算行为所生产的实体产品或服务数量的表示。

（2）效果指标

效果指标是关于受益群体的受益状况或行为改变状况的指标。

（3）影响指标

影响指标是预算支出项目所产生的社会效应以及对社会文化带来的深远影响。

二、绩效评价指标体系框架和分级指标

评价指标体系框架和分级指标中有一级指标、二级指标、三级指标及指标解释等。考核绩效的种类非常多样化，比如对项目支出的绩效考核及对部门整体支出绩效的评估等。尽管如此，一级考核指标的制定主要可以在投资、过程、产出及效果这四个方面展开，紧随其后在一级指标的基础上对二级指标进行细致的规定。至于三级指标的调整，其主要目的在于反映项目的现行状态。

三、确定绩效评价指标权重的方法

指标占比在绩效评估中，就是指该项指标在全部评价指标中所占的比例。评估指标的占比应根据其在全部评估体系中的重要程度来选择合理的科学方式设定。在整个评估系统中，各个指标的占比分配有着至关重要的作用，既是决定评估系统是否合理的决定因素，也关乎绩效评估系统的有效性。在系统的设计过程中，确定权重的方法主要有两大类，即主观赋权法和客观赋权法。

（一）主观赋权法

专家根据指标间的相对重要性来设计权重，包括德尔菲法、层次分析法等。

1. 德尔菲法

德尔菲法是一种通过信函征询专家意见的研究方法。组织者根据预设的问题制定调研表，逐个向专家组成员发送，专家按照既定的步骤，匿名地提出他们的看法，并通过组织者的反馈资料进行交流。经过数次的咨询和反馈，专家的观点逐步汇聚，最终得出具有统计学意义的专家群体的裁定结果。

德尔菲法，作为一种以主观性和定性为特点的方法，不仅能应用于预测范畴，也能被广泛应用于各个评价指标体系的构建和具体指标的设定过程。相比于一般形式的专家调查法，其独特性体现在匿名性、反馈性和统计性上，这些特质是源自德尔菲法的实施流程。德尔菲法的基本步骤如下。

第一，选择适合的专家。在德尔菲法中，选择合适的专家这一步非常重要，它会对整个评价方法的质量产生重要影响。如果人们选择的专家不靠谱、其科研态度不端正，那么这些专家的评价结果就会缺乏准确性。通常应用德尔菲法需要选择十个到三十个左右的专家，并且需要通知专家本人并获得专家本人的认可和同意才能实施。

第二，把已经处理的若干个指标以及相关的原始资料和确定的一致规则等发送给已经选择好的专家，请每个专家独自作出判断。

第三，收回各个专家的评价结果，并计算出各个指标权数的平均值和标准差等。

第四，把这些计算得到的结果和相关的补充数据、资料等内容再一次返回给每位专家，并要求他们根据收到的资料重新计算和确定权数。

第五，不停地重复上述第三、第四个步骤，直到所有的专家回复的结果基本一致为止，这时就以各个指标权数的平均数为最终的指标权数。德尔菲法实际上是一个不断循环和反复的过程，其中有很多个不同的环节，而且这些专家之间没有什么联系，他们都是独立的个体，都是凭借自身的经验以及知识等进行判断。因而这种方法非常值得借鉴。

2. 层次分析法

层次分析法最早是由托马斯·萨迪提出来的。实际上，层次分析法具有较为广泛的应用范围，它主要是指人们把一些十分复杂的问题通过一定的方式分解为若干个组成元素，并把这些元素按照一定的关系分成不同的层次结构，接着量化每个层次中的要素，最终计算出层次各个要素的相对重要性系数，并把这个得到的系数作为一种评价的重要参考。

（二）客观赋权法

客观赋权法进行评价的数据通常都是实际的数据，因而它的评价和判断具有较强的客观性。

客观赋权法具有明显的优势，即较强的权赋客观性，但是有时这种评价方法也会出现一定的偏差。在实际运用中，根据客观赋权法的相关原理来分析和确定权数并没有固定的标准，有时所有指标中最重要指标对应的权数并不是最大的数值，而在那些不太重要的指标中，则很有可能会出现最大的权数。

在客观赋权法中，人们常用的主要是主成分分析法、均方差法、代表技术法这三种典型的分析方法。

四、绩效评价标准

一般情况下，当人们想要评价某个事物时，通常都会选取一定的标准，因而在评价的环节中，评分的标准发挥着十分重要的作用。绩效的评价标准往往具有较强的客观性，一般是由两个部分构成的，即标杆值和评分规则。这要求人们在设计评分标准时需要注意几个问题：制定的评分标准一定要适合相应的指标体系；在制定评分标准时不仅要重视定量的指标，而且要重视定性的指标，把这两种不同的指标结合起来的同时，注重运用定量的指标进行评价。

（一）评分规则

人们主要是通过与标杆值进行对比的方式来确定评分的相关规则。需要强调的是，在绩效评价中，人们会采用不同的指标进行评价，这些不同的指标应该有不同的评分规则，这样才能使评价更科学。

（二）标杆值

由于取值在一定程度上存在差距，所以应该采用更详尽的标准。具体来说，可以分为计划标准、行业标准、历史标准和通用标准。

1.计划标准

计划标准通常是指相关的部门把一段时间内要达到的目标设计的标杆值作为标准。由于在设计标准时会受到诸多因素的影响，特别是资金因素的影响，因而相关部门制定的标准一定要得当，目标既不能太高，难以实现，也不能太低，没有任何的挑战性。

2.行业标准

行业标准通常是指某一个行业中大多数组织都认可和通过的一些建设标准。

3.历史标准

历史标准通常是指选择以往年份的指标资料和规律等，人们以这些数据为标准来设置新的标准。

4.通用标准

通用标准通常是指把标准值选取在一定的范围内，即0%~100%，人们一般在产出类的指标中运用这种类型的标准。

五、绩效评价指标体系的设计

（一）设计理念

通常情况下，以战略和结果作为导向的预算绩效主要评价体系设计思想包含如下几种不同的类型。

1.战略导向

战略导向是指绩效评价指标体系的设计必须以基本的战略为主要导向，因而相关的部门必须从更加宏观、长远的角度来分析和提升公共服务的水平。

2.结果导向

结果导向是指绩效评价指标体系的设计必须注重以结果作为基本的导向，从而使设计更好地为结果产出做准备。

3.效率观念

效率观念主要是指绩效评价指标体系的设计必须注重效率，即人们一定要利用尽可能少的资源来获得最大的公共服务以及福利等。

4.公共服务顾客至上

公共服务顾客至上主要是指在设计绩效评价指标体系时一定要把公众的利

益放在第一位，一定要考虑普通公众的实际需求。

5. 透明度和法治化

在设计绩效评价指标体系时一定要本着公开透明的原则，即政府应该尽可能地让公众了解政府的评价标准，同时要保证评价的标准是以相关的法律法规作为依据的。

（二）设计原则

绩效评价指标体系的设计对于绩效评价具有十分重要的意义，因而在设计绩效评价指标体系时要遵循一定的原则。

1. 相关性原则

相关性原则主要是指绩效评价指标并不是一个单独存在的指标，而是和很多因素具有较大的联系，比如它和一个部门制定的目标以及需求等都有联系。总之，设计的绩效评价指标体系应该能够准确、客观地分析和评价考评对象的各种特征以及本质等。

很明显，无论设计任何形式的指标体系都是出于一定的目的和一定的实际需求，这样建立的指标体系才能为考评服务，为考评的科学进行提供参考。因而指标体系非常重要，相关人员应该根据需求合理制定绩效评价指标体系。总之，在设计绩效评价指标体系时首先要考虑的就是相关性原则，这也是基础性的准则。

2. 系统性与重要性原则

众所周知，不管是何种性质的部门，其部门的预算支出往往非常烦琐，涉及很多领域，因此在设计绩效评价指标体系时一定要遵循系统性原则，使不同的考评对象都可以参考相应的指标，这样才会使预算绩效管理更科学、有序，否则就会大大地降低管理的效率。

在设计指标体系时不仅要遵循系统性的原则，还要遵循重要性的原则，即在选择指标时不能盲目地选择指标，一定要选择那些最具有典型性和代表性的指标，从而用这些重要的指标来衡量和评价绩效。

3. 完整性与导向性原则

完整性主要是指设计的绩效评价指标一定要与很多因素有关系，它不仅要紧紧地联系经济方面的因素，还要联系财政改革以及我国政府制定的各项方针及政策等，这样确立的指标体系才能从更多视角反映部门预算支出的相关内容，

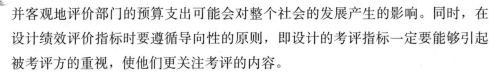

并客观地评价部门的预算支出可能会对整个社会的发展产生的影响。同时，在设计绩效评价指标时要遵循导向性的原则，即设计的考评指标一定要能够引起被考评方的重视，使他们更关注考评的内容。

4. 科学性原则

要保证考评结果的合理性与准确性，在指标体系的设置上应当遵循科学性原则。具体来说，指标体系中的标准、程序、方法等的设置都要确保科学合理。通常来说，科学性原则主要包括以下几个方面的内容。

（1）准确性原则

指的是指标在概念上应当准确无误，具体的内涵也应当非常清晰，同时要最大限度地减少主观随意性，对于各种不容易确定的因素，在设置指标的时候可以采用定量与定性相结合的方式。在指标体系的内部，各个指标应当相互统一，相互协调，在具体的结构与层次上应当具备合理性。

（2）完整性原则

指的是指标体系应将绩效考评目的作为中心任务，并对具体的考评对象做出全面的反映。对系统中的任意一个指标都不能遗漏，这样才能够有效地体现出真实的考评结果，从而全面反映考评对象。

（3）独立性原则

指的是体系内部的各项指标应当是相对独立的，并且要最大限度地避免信息的交叉重叠。

值得特别注意的是，以上所述的各项原则是就绩效考评的目的来说的，并不是说指标越多就越好。其实，在实际考评时，要想使每一个指标都完全独立，也是不现实的，这主要有两个原因：一方面，同一事物的各个方面之间本来就存在必然的联系，比如产品的质量与销售量；另一方面，在一个完整的指标体系中，各个指标并不是机械地堆积在一起的，它们之间凭借一些天然的联系构成了统一的指标体系，完全不存在联系的指标是无法构成指标体系的。因此，为了满足调查与评价的需要，指标的设置需要从不同的角度出发，各指标之间相互弥补，相辅相成。而且可以采用对个别指标的权重进行调整的方法来处理各个指标之间的相关性。

5. 经济适用性原则

经济适用性，指的是在选择具体的绩效考评指标的时候，应当充分考虑对现实条件以及指标的具体可行性，与此同时，各种数据也应当严格遵循成本效益的原则，在确保成本合理的前提下开展具体的考评工作。在设计指标体系时，必须将指标应用的现实可能性因素考虑在内，指标体系应当在多个方面都具有适应性，比如考评的成本、考评的实践、考评的方式等。绩效考评作为一项非常强的实践性活动，只有在指标体系上充分体现经济适用性，才能从根本上保证考评的最终效果。

在实际的绩效考评工作中，应当对上述的几个原则予以综合考虑，然后对指标体系进行系统设计，这样才能实现效率与成果的双重保障。与此同时，在对部门绩效考评的基本特征进行充分考虑的基础上，对指标体系的设计还应该重点关注几个问题。

指标体系应当同每个部门中各种预算活动的规律相符合，兼顾社会效益与经济效益。应该倡导实事求是的工作作风，杜绝虚假浮夸的工作作风，只有这样，才能使绩效信息的真实性得到更好的保障。要重视资源配置的效率，但是在评价时也不能局限于资源的利用率。就以往的情况来看，对于资源利用率的重视程度要远远高于资源配置效率，这就导致资源的浪费情况比较严重。针对这一现象，应当从长远的利益出发，使绩效的考核避免出现短期化、片面化与局部化的问题，应向着长期化、全面化与整体化的方向发展。同时要重视共性与个性。在具体的考评指标与考评重点上，应根据考评方与被考评方差异而有所变化。这样才能在体现考评方的个性的基础上对部门预算绩效的考评结果进行综合反映。既要重视定性指标，也要强调定量指标。定性指标能够对部门预算与效益产出之间的因果关系作出反映，也能体现出部门预算与其他因素之间存在的相关性，定量指标则可以将部门预算支出效益的情况如实地展现出来。

（三）设计方法

1. PART 法

（1）基本概念

PART 法是美国联邦政府当前进行项目评级时最常用的一种评级工具，这一方法对于美国联邦政府的预算绩效改革具有很强的现实意义。它能够准确地对政府项目绩效的排名与评估做出如实的反映，是一项非常有影响力的举措。从具体的形式方面进行分析可以发现，PART 法主要是通过标准化调查问卷的形式展开的，具体来说，其内容包括四个部分，一是项目的设计与目标，二是具体的战略规划，三是项目管理的基本情况，四是项目所取得的结果与绩效。

项目的设计与目标主要是用来对项目的设计及目的作出评估，以确定其是否明确、合理与清晰。

具体的战略规划主要是用来对项目在年度或长期目标与措施方面的情况进行评估。

项目管理的基本情况主要是对项目在财务管理方面的情况以及具体的改进措施方面进行评估。

在评估项目最终绩效的过程中，应当对具体的战略规划以及其他的一些评估情况予以充分的考虑。

在具体的问题设置上，可以根据项目类型的不同而进行灵活处理。一般来说，问卷中的问题设置在 25~30 个，其中通常会存在很多具备共性的问题，设置这些问题的目的在于对项目的绩效与管理情况进行评估，从而对项目的各种利弊进行分析，以便更好地辅助后续各项工作的开展。

（2）计分方式

不论是项目的总分还是项目各部分的得分都采用百分制的计分方式。问卷中所有的问题所得出的答案都以充足的证据为前提。一般来说，问题分为两种类型，即是否型问题和程度型问题。

其一，是否型问题。这类问题只有两种选项，即"是"或"不是"，通常用于项目的目标和设计、具体的战略规划及项目管理中。

其二，程度型问题。这种问题通常会设置四个选项，即"是""大程度""小程度""不是"，这类问题通常适用于项目的结果与责任这两方面。此外，一些问题也会存在"不适用"的情况，这是因为问题与项目之间不具备关联性。实际上，为了充分保障自身的利益，相关的机构与部分在回答问卷的时候通常会较多地选择"是"。需要注意的是，无论选择哪个选项，都应当有充足的证据。

（3）权重

PART 法在权重上分为两种形式。一种是针对 4 个问题类型进行的赋权，通常来说，结果类问题占到二分之一的权重，项目与目标类问题占五分之一的权重，具体战略规划类问题占十分之一的权重，基本项目管理类问题占五分之一的权重。另一种是单独为每个问题设定权限，在这种情况下，所有问题的权重被默认为相等，若欲特别强调某些关键问题，可适当调整权重。需要注意的是，权重的调整应当在回答问题之前进行。

（4）分级

将项目的总分计算出来以后，根据得分的差异采用 PART 法对项目进行等级划分。通常可以将所有项目分类为五个不同的层次：优秀（85~100 分）、中等（70~84 分）、及格（50~69 分）、不及格（0~49 分）和待评估（这一层次指的是那些尚未获得适当评估标准的项目）。

2. 平衡计分卡

（1）基本概念

平衡记分卡构建了一个全方位的评估框架，主要分为四大组成部分：财务、客户、内部运营以及学习和发展。其核心目标在于创立一个具有战略导向的绩效管理系统，以确保各战略方案被有效实施，从而为组织战略的实施提供足够的支持与保障。

（2）结构

按照平衡记分卡的主旨，对于部门支出的争议，我们也将从财务、客户、内部运营、学习和发展这四个维度来作出绩效评定的设计。

一是财务。包括财务管理情况、预算执行情况及预算对战略发展的实际满足情况等。

二是客户。主要涵盖了两个重要的领域，即组织内部的员工满意度和广大社会公众的满意度。

三是内部运营。包括部门内部的各种制度建设、部门对于责任的履行情况以及发展目标的实现情况等。

四是学习与发展。主要包括部门所具有的核心技术力量以及提供公共服务的能力。

3. 逻辑分析法

（1）基本概念

逻辑分析法又被叫作逻辑推导法或逻辑模型，指的是在逻辑推理的思维方式基础上，通过研究真实情境的具体背景，对项目事件实行详细划分（涵盖投入、活动、产出等方面），对所有元素间的关系进行整理，以此揭示资金投入和产出成果两者之间的必然联系。逻辑分析法对于绩效目标的确立是非常有帮助的，它可以实现目标向绩效目标的转化，从而提供一种行之有效的绩效管理工具，使评价指标的设计以及多目标的量化管理工作都能够得到有效的指导。

"假如……就……"的基本逻辑是逻辑分析法在分析实践间关系时所依赖

的，它首先挖掘某一项目、组织或者政策的背景信息，其次分析其正常运营所需的假设条件，最终明确其要达成的目标。这一方法旨在通过对事件内部各要素间的逻辑关系进行分析，把握事件内部的各种联系，从而对相关利益者的义务、责任与权力加以明确。

（2）结构

从结构方面进行分析，逻辑分析法涵盖两个层面的内容。一是"投入—活动"的层面，投入展示的是经费的投入情况与项目开展的基本情况，活动则展示的是目标实现的具体过程；二是产出部分，这一部分在绩效评估中是重点，其基本可以分为产出、效益和影响三部分。三者之间有着紧密的联系，即"产出"为资金投入以后带来的效益；"效益"专指投产后的各种收益，包括社会效益、政治效益、环保效益等；"影响"就涉及到所有可能对项目绩效表现产生影响的因素。

第二节　预算绩效评价基础知识阐释

一、预算绩效评价的概念

所谓预算绩效评价，指的是在预先设定绩效目标的基础上，选择合理、科学的评价标准、指标及方法，对预算的各个环节进行综合性评价，包括绩效目标的实现情况、预算执行的具体过程以及预算执行的最终结果等。同时，需要对预算支出的效益、效率及是否具有经济性作出客观的评价。

二、预算绩效评价的意义

（一）将"遵循绩效"转变为"结果绩效"

进行预算绩效评价首先应当具备一个条件，就是预算机构不再控制预算拨款的使用情况，而是将预算资源的使用权给予管理者。需要注意的是，这种放权并非无条件限制的，最关键的一点是预算机构对于预算结果的实现有充足的把握。一旦将资金支出，而预期的结果却没有实现，相关负责人就应当相应地承担责任。虽然从某种程度上来说，以前的预算管理在绩效上也是有一定的追求的，但是从根本上来说，这种方式更多关注的是遵从绩效而忽略了结果绩效。

换言之，就是管理者通常不是按照运作的效率及最终的结果来开展评估工作，更多的是根据对程序规则的服从情况来进行评估的，这就必然导致"有绩效的"机构仅是那些能够遵守财经纪律的机构。这种传统的绩效模式在很大程度上忽略了绩效管理的根本目的而过于强调管理的手段，长此以往，绩效管理者会更加强调对资金使用的控制以及资金使用规则的遵守，从而导致官僚思维的盛行。预算绩效评价的意义就在于它使绩效的管理从传统的遵从绩效实现了向结果绩效的转变，使绩效管理由关注手段转向了关注目的，这对政府预算目标的实现具有深远意义。

（二）调整支出单位的预算冲动，以实现控制总支出的目标

从以往的预算执行情况来看，很多支出部门都或多或少地存在着支出冲动。如果仍然采用传统的预算管理模式的话，这种支出冲动往往很难避免，这是因为传统的预算管理模式过于强调遵从绩效。在这种情况下，预算资金的提供者往往并不会对支出机构的回报进行明确的要求。这就必然导致支出机构存在一种思想，即申请到的资金越多越好。同时，支出机构通常在金钱支出上有较高的自由度。针对这一问题，应该积极采纳对策，切实防止支出机构的预算冲动，以实现总支出的有效管理。纵观各国的经验可以发现，常用的方式有两种。一是加强议会及预算机构的信息收集能力，从而避免信息不对称情况的出现，以有效地提升议会及预算机构的审查能力与监督能力；二是在预算资金上，根据各个部门的情况设置固定的预算金额或者进行预算控制。但是从以往的实践来看，这些措施在效果上并不显著。

在运用预算绩效评价后，各支出机构根据自身情况制订出合理的支出计划，然后上报给预算机构，经过严格的审核后，双方签订绩效合同，以确保支出机构的资金支出同政府目标之间存在相关性。这样一来，一旦支出机构支出了经费就必然取得相应的结果，否则就要被追究责任。这种方式可以有效地避免支出机构的预算冲动，使支出机构更多地考虑优化资金配置以取得更好的结果而不是盲目扩大预算规模，这对于支出总额的控制是非常有效的。

（三）鼓励管理人员采取效率高的措施，以提升资金运用的效益

运用预算绩效评价模式后，管理者就能够依据环境的变化，并结合不同部门的特点对投入组合方式进行选择，从而开展生产活动或提供公共服务，同时

能在不同的支出项目之间进行资金的转移。同时，预算机构也不再对预算支出部门采取严格的控制。在预算绩效模式下，预算管理部门与支出部门之间签订了合同，支出部门就会积极采取措施减少运营的成本，并努力提升产出的数量与质量，从而更有效地提高资金的运作效率。

此外，预算绩效评价模式采用的是"利润分享"的政策，具体来说，就是如果部门存在预算结余的话，可以将其转到下一个年度的预算中，这样一来，部门管理者就不必担心预算结余被收回，也不需要担心结余会导致部门下一年度的预算被削减，从而有效地消除支出部门在年底集中支出资金的冲动。

三、预算支出绩效评价模型

相对于通常的收支系统，政府的预算支出有其独特之处，这是由于其投入部分使用的是公共财政资源。政府和其他公共部门有效整合了这些资源，使其转变为公共产品。这些资源通常不在市场上流通，它们反映的是社会效益。预算支出绩效评级的系统应当具备完整性，包括四个阶段内容：一是投入，二是运作过程产出，三是成果，四是目标。对这四个阶段的表现形式进行审视，可以看出，它们各自关联到了资金分配支出、预算资金的使用、产出绩效和预算成果及目标四种形式，而且它们之间具有明显的次序性质。这四个阶段与外在表现的四种形式，构成了预算支出绩效评价模型，具体如图4-1所示。

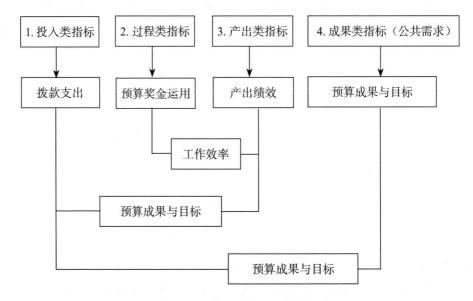

图4-1 预算支出绩效评价模型

投入类指标主要反映的是公共产品或服务在提供的过程中对资源的占用与消耗情况。

过程类指标展示了公共部门在提供公共服务过程中，对预算体系的实施状况以及质量管理的情况。

产出类指标反映的是公共部门提供的产品或服务的具体情况，或者公共部门完成的具体工作量。这类指标能够对工作的稳定性或变动性情况作出较好的反映。

成果或目标类指标所呈现的是一个计划、项目或者行为对预期目标的实现状况。这类指标是预算业绩评估的起点，其他内容如评价投入、开支和效果等，都要建立在这个基础上。这类指标主要审查预算目标的合理性和科学性，避免在财政资金供应中出现的"缺位"和"越界"问题。

在建立全面的政府预算绩效评估时，必须在这四项指标的基础上，根据政府预算支出绩效评估的内涵形成效益性指标、效率性指标和有效性指标。

第三节 预算绩效评价方法

一、成本—效益分析法

（一）基本原理

所谓成本—效益分析法，就是指人们把固定时间段之间的收支和产生的效益进行比较，从而评价和判断实际的绩效情况，并根据这些数据来分析预算绩效目标的实现情况。最初主要在企业广泛运用这种分析方法，随着时间的推移，越来越多的国家政府在投资项目时也开始尝试并广泛运用这种分析方法。

用这种方式衡量政府财政资金的运作效率，常常需要适当地结合已经设定的预算支出目标，并且将资金的支出所带来的收益以及成本等元素与预算支出的目标进行比对分析，以选出最适合的项目。在对某一特定项目进行评估时，需要算出项目的总预算支出的成本和利润，当利润超过成本时，该预算支出的净利润是正的，预算支出具有正效益；当利润低于成本时，该预算支出的净利润是负的，预算支出具有负效益。

（二）应用

利用"成本—效益"分析的方式对各类可能的预算开支选项进行比较，有助于提高决策效率。分析每个可能方案的成本与收益，推测其可能的净收益，然后挑选出净收益最高或收益率最优的方案。通过这种"成本—效益"分析的方法，可以有效地筛选预算开支的可能选择，从而优化预算资金的使用效果。此外，这种分析方法也适用于对同种类但源自不同地区的预算开支项目进行比较。对不同地区和部门的预算使用绩效水平差异进行评估，找出其原因并制定出提高绩效的策略，有助于提升预算资金的使用效率。

当运用"成本—效益"分析法时，一定要考虑多种因素的影响，比如时间因素就很有可能会对现金流产生较大的影响，因而要采取相应的措施。又如在计算某一个项目或者某一设计方案的成本以及产生的效益时，不仅需要考虑和计算与项目或方案直接相关的成本、效益等，还应该考虑和计算与项目或者方案间接相关的成本、效益等因素。

虽然在私营部门，"成本—效益"分析一直以来都被看作一个有效的工具，对企业的运营效能产生了积极的推动，但是由于公共部门的预算支出和私营部门在某些方面存在差异，具有自身的特性，因此在公共部门，"成本—效益"分析并不一定适合评估所有的支出项目。准确地说，成本效益分析的适用范围有限，并不能适应全部项目或计划。只有在项目或计划的成本和收益可以被精确衡量的情况下，才更适合使用"成本—效益"分析。对于难以准确评估成本和收益的项目，这种评估方式并不适用。由于很难准确衡量社会效益，包括如何考虑到直接效益、间接效益、长期效益、短期效益、有形效益和无形效益等复杂的因素，这将使成本和收益的估算存在一定的偏差。

二、最低成本法

（一）基本原理

最低成本法也是一种十分有效的用于判断和衡量财政支出产生效益的一种计算方法，也叫最低费用选择法。最低成本法是"成本—效益"分析法的一种有效补充。"成本—效益"分析法主要适用于那些成本和收益都可以利用一定的方式进行准确计算的项目评价，而最低成本法则主要适用于那些成本和收益都难以量化的项目等，比如社会保障支出。因而相关的部门在实际的工作中要配合着使用这两种不同的评价方式，从而更好地为评价服务。

（二）实施

实施最低成本法，要根据政府预定的绩效目标，产生若干备选方案以供比对参考；要分别对各个方案的实质性支出进行计算，在此过程中如果遇到需要连年安排支出的项目，必须将每年的现金流量折算为现值，确保各备选方案的可比性；根据开支的多少进行排序，目标确定无误后，挑选成本最低的方案。

（三）特点

最低成本法的主要优势在于，其评估财经计划的社会价值时，不以货币单位为测量标准，而是关注项目的实际成本，这避开了"成本—收益"分析法在项目成本难以量化时的困境。同时，这个方法解决了收益评估的难题，对于那些难以精确计量的项目，它提供了一个可靠的评估方法。实际上，有很多项目是很难被精确评估的，比如国防支出、社会保障支出等，这些项目的收益难以衡量，但其成本却容易估算。在预算决策分析过程中，对这些难以评价收益的项目，只需简单地计算出项目的实际成本，然后挑选成本最低的作为最优选的支出项目。这种方法的实施简单方便，不仅减轻了评估部门的工作负担，也符合了绩效评价指标设定的经济性和可监控性原则，为社会价值的项目提供了行之有效的绩效评估方法。

众所周知，一个国家设立的公共部门通常都是为公众提供公共的产品以及公共服务，这些部门与企业的运行及其目的是不同的，企业运行的主要目的是盈利，而公共部门则需要考虑全体公民的实际利益。因此，在使用成本最小化原则时需要考虑多个方面的影响，从而实现对绩效的综合性评价。

三、比较法

（一）基本原理

比较法通常是指人们运用比较的手段对绩效进行评价，从而得到绩效的目标实现情况。比较法通常对多个方面的因素进行比较，比如比较绩效的实际效果和绩效的最初目标等。当难以制定清晰的评定标准或使用的客观尺度不适合

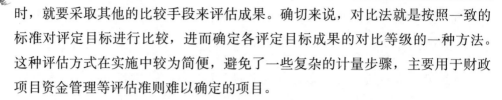

时，就要采取其他的比较手段来评估成果。确切来说，对比法就是按照一致的标准对评定目标进行比较，进而确定各评定目标成果的对比等级的一种方法。这种评估方式在实施中较为简便，避免了一些复杂的计量步骤，主要用于财政项目资金管理等评估准则难以确定的项目。

（二）常用方法

常规的比较方式包括排序法、一一比较法和强制分配法等。

排序法是一种将备选方案按照绩效高低进行编排的方法。这种方法省去了一些难以量化计量的环节，降低了设计和实施的成本，对执行绩效考核的部门的专业知识需求不高，因此在一段时间里得到了广泛的使用。但是这种方法缺乏客观的评判标准，往往会有过多的主观因素干扰各管理部门的决策，导致评估结果的随意性，不利于提出预算修正建议。

一一比较法就是在纠正排序法的缺点后呈现的新式方法。这种方法将所有的备选项目进行单独比较，相较于排序法的整体排列，这种做法更有说服力。尽管如此，此方法并未设定明确的客观评价标准，给预算负责人增加了工作负担。

强制分配方法相较于之前的两种方法，结合了更多量化元素，该方法主要基于正态分布原则，将评估对象强行划分成若干等级，保持了比例上的相对稳定性。该方法对技术人员的技能要求较高，需要他们收集和分析大量数据以确定具体的等级分布，同时需要制定合理的评价指标标准，这增加了实施的成本，因此更适合于已经建立了完善的绩效评估系统的地区和部门使用。

四、因素分析法

因素分析法也叫指数因素分析法，它实际上是一种统计意义上的分析方法。人们利用因素分析法进行分析的重要基础就是统计指数体系。在实际的统计学分析中，因素分析法是一种比较常见且应用范围十分广泛的分析方法，它能够清晰地把复杂的事物精减为若干个有联系且能够反映其本质特征的因素。

在预算绩效评价中，引入因素分析法是在分析的过程中把那些能够对投入以及产出产生影响的各种因素都罗列出来，通过分析这些因素计算合理的投入产出比例。这种分析方法比较高效，许多公共项目都可以通过因素分析法来衡量其预算表现。使用这种方法的核心在于如何分配权重，也就是如何通过合理的配比保证评估过程的公正和全面，也要符合各个项目的实施特点。

五、公众评判法

（一）基本原理与实施

公众评判法就是聘请多方面专家评价财政支出绩效，设计问卷调查财政支出利益相关各方意见，最终汇总分析财政支出绩效。

不是所有的项目都可以采用指标的方式衡量，对于那些没有办法使用指标进行衡量的支出项目，可以选择其他的方式进行衡量，比如可以聘请相关领域内的知名专家进行评价，也可以选择调查问卷的形式让公众进行评价。这些评价方式都是值得借鉴的。在专业评估环节中，需要召集某一特定领域的知名专家评定和审估目标的某一部分。根据评估项目的性质，这些专家可以选择各种不同的评估方法进行，比如"背靠背"或"面对面"的评议，或是把这两种方式结合起来。对于公众评估途径，相关人员需要提前制定出调查问卷，可以采用各种方式来实施问卷调研，确保所需评估的内容已包含在设计的问题中，并将问卷派发出去供公众填写。在分发问卷的过程中，应保证接受问卷的群体具有随机性和普遍性，最后对调查问卷进行汇总和分析，从而得到评估结果。

（二）特点

相较于其他评估方法，公众评判法在民主化和透明度上均呈现独特之处。该方法尽其所能地激发社会资源的价值，确保公众需求在完整评估周期内得到广泛关注。此外，实际操作过程也颇具公开性，这种公开透明的评估方式特别适用于评估公共领域和公共基础设施的财政投资，不过这需要精细设计对应的评估工具和调查表格以及对调查者进行恰当的选择。

六、其他评价方法

（一）层次分析法

层次分析法是指相关人员把比较复杂的问题分解为若干个不同的层次，然后对这些因素进行合理分组，并形成一定的结构，最后根据一定的标准，两两进行比较，对判断进行量化，从而形成比较判断矩阵，同时要确定层次中各个要素相对的重要性和各个方案的排序方法。

（二）查问询证法

查问询证法是评议人员通过直接或者间接的方式对客体信息进行了解和评价，并在此基础上形成一定的判断的方法。对于信息和资料的取得，最直观的方式就是查问征询。在预算支出绩效评价中，查问询证法是一种有效的补充方法。

考虑到绩效评估方法的众多类型，选择适合的评估方法时，需同时考虑项目间的对比性和项目本身的特性。财政部门须明确绩效评价方法选择的适用原则和标准，对于相同类型的项目，使用同一评估方法更有利于水平比较。同时，各部门需深入了解项目本身的特性，根据财政部门的规定作出合理选择，并在一定程度上应用具有个性化的评价方法，从而确保评估结果的准确性。

第四节　预算绩效评价具体实施

一、预算绩效评价的基本流程

在预算执行过程中，绩效评估的流程主要包含以下几个关键环节。管理部门和项目实施单位在编制项目预算时必须同时明确绩效目标和绩效评价标准，由财政部门进行最后的绩效目标审定并将审定结果反馈至相关部门和单位，同时制订并提交绩效评价工作计划以备财政部门备案。在项目预算执行过程中如需变动，需在得到管理部门同意后，对绩效目标等相关事宜进行系统性调整。并根据最终确定的绩效目标和项目实施情况，配合评价主体的特点，进行全面性的绩效评定。编制绩效评价报告并在规定期限内提交财政部门，以助于核对绩效评估结果。

具体的绩效评价操作可能会因各个地区和部门的差异进行适当的调整，以便更好地满足相关评价项目的需求。

二、预算绩效评价的实施阶段

（一）前期准备阶段

1. 确定评价对象

通常情况下，一个部门或者一个单位的财政支出是由两个不同部分构成的，其中一部分是项目的财政支出，另一部分是基本的财政支出。每个部门的财政支出种类不同，二者的比例也有较大的差异。基本支出的范围通常比较广泛，它包括相关人员的所有支出、公用的支出等，而项目的支出则是单位或者部门用于项目运行等环节的支出。在我国，重点进行绩效评价的主要是工程以及专项财政支出。对于部门和单位总体的财政支出的绩效评价，我们还在深入探索中，在确定进行绩效评价的项目时，必须遵守以下原则。

第一，挑选那些能便捷评估绩效的项目。要求入选评价范围的项目应该可度量，为了如实地反映项目的绩效，应该选择具备可量化或主要由定性指标组成但具有较高的可操作性和稳健性的项目。

第二，以发现问题为目的确定评估项目。评估项目的根本宗旨在于预测项目实施的可行性和效益，因此在制定评估标准时，应围绕项目的开发、实施和最后的结果提出疑问，通过对隐患问题的研判，提出对应的改进方案。

第三，当挑选项目的时候，应从社会经济的发展热门领域以及大众强烈关注、呼声高的领域出发，特别是在现阶段，应更加偏重选择涉及国家大事和民众生活的关键项目。

第四，基于扩大绩效评价面的角度，应将更多项目包含在绩效评价的范围内，力图覆盖更多的评价范围，从而促进预算绩效管理工作全面向前发展。

2. 成立评价工作小组

评价工作小组的组建可以在评价对象确立后立即开始进行，该评价小组的人员选择一定要科学、合理。评价工作小组通常有如下几种构成。

（1）内部评价组

简单来说，内部评价组是由相关项目组或部门内的工作人员组成，负责进行内部评审。根据评价单位组成，它们可被分类为自评项目、主管部门评价以及财政部门评价。

对于自评项目，需要成立内部评估团队，并且需要由相关的管理单位协调且与实施该项目的部门保持联系，如果有适合的条件，也可以融入单位的内部审核组织，联合组建评估团队。同时必须明确部门及人员的评估职责。针对包含多个子项目的评估对象，仅凭内部评价团队是无法充分评估的，因此，还要开展主管部门的评价。根据具体情况，如果当下条件允许，就可以借助该机构的内部审计部门共同进行评估。尤其在一些十分重要的项目评价中，仅依靠主管部门进行评价几乎是难以实现的，这时评价部门就可以适当地联系本部门的负责人等，联合此单位共同开展评价。

通常情况下，财政部门的评价构成并不复杂，主要包括财政部门的相关人员，然而在现实中，如果财政部门难以独立完成评价工作，也可以请其他部门的相关人员辅助评价，这能让财政部门的人员能更深入地掌握整个项目的情况，同时有助于进行客观性的评估。

（2）成立专家评议团

其成员由项目方、主管机构或财政机构组织挑选，或在项目所在地的绩效评审专家库中选用。成立这样一个团队的主旨在于通过引入第三方的观察和分析，确保评审过程和结果的公正，持续提升绩效评审的透明度和公开性。此外，专家对项目的熟知程度往往超过财政机构和主管机构，因此，在评审过程中，他们能够提供更专业的建议，从而提升评审的效率和实效性，并确保评价结果的科学性。

（3）中介机构

可以考虑将具备相应评估能力的社会中介组织纳入评估团队，参与项目评估的全过程。然而，选择这些中介机构必须严谨，由于非专业中介机构对官方绩效评估的理解可能有不足，这可能会在实施评估过程中带来诸多问题。因此，需要在中央或地方的中介机构名录中进行甄选。选定的中介机构在接受评估后，也可以聘请相关领域的专家组成专业评估小组进行评估。

财政部门引入专家团队和中介机构，目的在于引导大众共同参与预算绩效的评估，从而减轻自身的工作负荷，确保评价结果的公平性和客观性。无论是通过政府选择协商还是招标的方式进行委托，第三方机构的介入都赋予了进行绩效评估工作的便捷性，对预算绩效管理的全面推动产生了积极影响。除了上述的三种评估小组的组建方法，还可以将这三种模式综合运用，以发挥各方优势，这种联合模式更适用于大型重点项目的评价。

3.制订评价实施方案

在评价小组建立后，小组成员会依据评价作业标准，设定绩效评价目标，

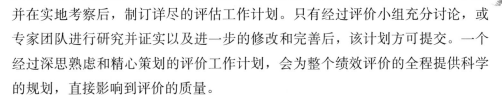

并在实地考察后，制订详尽的评估工作计划。只有经过评价小组充分讨论，或专家团队进行研究并证实以及进一步的修改和完善后，该计划方可提交。一个经过深思熟虑和精心策划的评价工作计划，会为整个绩效评价的全程提供科学的规划，直接影响到评价的质量。

（1）评价方案制订的前提

在开始设计评价方案之前，需要做足细致的前期预备以保证评价方案的全面性和适用性。这就需要有关人员全面掌握项目的详细信息，比如项目的执行时间、目标、预计成果等。然后收集与项目相关的政策、部门和地区的规定，充分使用所有可利用的条件以保证项目能顺利地实施。另外，要深入到部门和项目单位，详细掌握项目的课题背景、实施要求等，在充分沟通后，确保评价方案获得多方的支持。最后阶段是要总结收集到的信息，筛选出有价值的信息将其纳入评价方案中。良好的前期准备会为整个绩效评估工作奠定稳固的基础，因此必须十分重视价初期准备工作，保证评价方案能顺利制订和执行。

（2）评价方案的主要内容

一个完整的评价方案涵盖了许多元素，这些元素包含被评价者、评价目标、评价内容、责任划分、评价准则、评价标准和相关后续任务等。

对于评价目标和范围的确立，有必要详细列出待评价项目的名字、执行评价的地区、项目资金的来源及评价所覆盖的项目环节等因素。这些信息的详尽明确，有利于未来工作的开展。对于评价内容，应考虑项目的完成情况，也就是绩效目标和项目的实施细节，并采取一些量化的评估手段，判断项目的进展如何。同时需关注项目的管理情况，包括制定具体的管理方案、保证项目申报过程的合规性、对项目实施过程的监管等。在资金管理方面，需要确认拨付的款项是否能够及时到账，款项使用是否遵从指定的规定，资金的使用是否按照规章制度进行，等等。最后，还应考察项目的完成状况及其产生的成果。

在决定评价方法的时候，需要将项目的性质和当前进度视为评价方法选择的基础，既可以选择单一评价，也可以采用交叉或综合评价。然而不管采用哪种手法，都必须确保评价操作的实施性和结果的真实性。在评价标准的制定上，绩效评价标准就是衡量绩效目标实现的标准。目前，有计划标准、行业标准和历史标准等的使用，有的更倾向于定性分析，有的进行了绩效目标的定量研究，如对标准的选择依赖于评价团队的技术能力、评价目标的性质及获取信息的难易程度等因素。

在确立绩效评价标准的过程中，具备科学性和合理性会使绩效评价结果更具真实性和有效性。从宏观角度看，绩效评价标准可以被划分为共性指标和个性指标，前者为所有评价目标所通用，后者则是针对某个特定项目而设定的。将二者结合，便能更全面地体现绩效目标的完成情况。在共性指标和个性指标中，部分是定性的标准，部分则是定量的标准，综合应用客观描述和数量分析，可以全方位地实施绩效评价。

4. 下达评价通知

评价通知是指评价工作小组对各个项目进行评价后给出的相应的行政文书，它是采用文本的形式进行描述的，因而评价对象也可以通过评价通知了解评价的结果。整体上，评价通知也是一种总结性质的文书。当相关的评价机构或者组织确定了需要评价的对象后，这些评价机构就可以适时地向评价对象下发评价通知。评价通知一般包含很多内容，比如本次评价活动的最终目的、评价的重要内容、评价的基本任务、评价活动开展的主要依据、评价的机构和资质、评价活动开展的时间及评价的注意事项等。通常评价通知的下达标志着马上就要开始相关的评价工作。

（二）实施评价阶段

实施评价阶段作为预算绩效评价流程中的中心环节，它需要在收集和整理数据的同时，针对特定的项目元素进行评估，最终需要在对工作内容进行概括后生成绩效评价报告。

1. 收集并审核绩效评价相关资料

评价单位需要依据评价项目的实际需求和评估指标，收集与被评价对象及评价内容相应的数据信息。此过程的目的是建立评价指标体系，最终服务于评价结果。有以下几种方法可以用于收集相关信息。

（1）数据填报

获取信息最基本的方法即向评价对象派发基本数据表，而后请求相关的部门或项目实施单位如实填写信息。这个方法需要评价部门或机构具备较强的责任感，以确保信息的真实完整性，但通常需要同时用到其他的辅助方法。

（2）实地勘察

这是评价团队和人员在进行绩效评估时，最倾向于采取的信息收集方法。他们会深度调查待评价单位，了解项目的实际操作情况，包含管理体制、责任机制是否建立健全及财政资金的分配和使用等方面。这种方法有效地弥补了仅依赖数据报告的不足，成为确保绩效评价真实性的关键手段，对评价机构和人员要求更高。

（3）问卷调查

采取问卷调查法来对项目中的某些质性方面进行评估，是一种拓宽评估人群及提升评价全面性的方法。当具体进行调研的时候，需要由评价机构直接针对项目的一些评估要素达成问卷，从而收集更多群众的意见，并由评价团队的成员亲自回收，让评价机构的人员避免参与这一环节。对于问卷的分发范围和数量，由评价机构根据项目的实际需求决定。

（4）听取汇报

评价对象需向评价小组展示项目绩效目标的设定与实施情况、组织管理规章的构建与执行情况、经济资源的动用情况及财务管理数据，项目所带来的全面效益也应列入总结范围，此总结可书面提交或在会议上进行汇报。评价组成员有权指出项目中所遇到的问题，并提出相应的解决方案或对策建议，以供评价对象参考。一旦收集齐全所有的评估资料，就开始合并挑选出有参考价值的资料，之后由评价人员查验相关资料，或采取实地考察等方式进一步确认资料的真实性，并对现有资料进行补充。同样，资料审查可以在资料收集阶段进行，没有必要作为一个独立的步骤存在，可根据具体情况进行调整。

2.综合分析并形成评价结论

在收集和审核资料后，评价团队需要将基本资料与其他相关资料进行整合，并在内部间进行讨论和分析，从而确保团队每个成员都拥有足够的项目资料。其后，可以借助团队会议或专家会议等方案，根据评价标准和指标的需求，通过成员间的观点分享和信息交流，进行项目的全面分析。

团队成员在彼此深入交流后，须对项目做出最终评价。所有参评人员须基于自己所知全部信息，对项目做出自主的评估，以保障评价结果的公正性。每一位评价成员都需提交评价结果，并保存工作草稿，对其评价结果承担应有的责任。

（三）撰写评价报告阶段

编制评价报告的过程，本质上是把评价工作呈现出来，对在整个评价过程中掌握的信息和收集到的数据资料进行梳理，着重反映项目的执行情况、最后的绩效评价结果及评价团队的工作建议等。根据一定的格式撰写绩效评价报告，形成一定的逻辑顺序，可以清晰地呈现项目的评价情况。

（四）结果应用阶段

财政部门和预算部门以及相关单位应依据绩效评价结果对项目内容进行整理、总结、研究和调整。这些结果的确定方式是评分和评级的结合，也是实施预算管理和筹划未来年度预算的主要参考。

第五章　企业财务管理概述

第一节　企业财务管理内容

在当今的企业中，财务管理是非常关键的。在市场经济的背景下，财务管理构成了商业实体最基本的操控方法，同时，财务管理的重要性和市场经济的进步呈正相关。在激烈的现代市场角逐中，财务管理已逐步成为企业生存与发展的关键一环，也是提升经济效益的决定性途径。要了解财务管理的实质，首先要深度解读企业的财务活动和财务关系。

一、财务活动

企业的财务活动包含了其筹资、投资、运营和分配等所有阶段中关于收支的全部过程（或叫作资金的运动）。当处于商品经济环境时，所有的物品都包含特定的价值，它体现着耗费于物资中的社会必要工作量。物资价值在社会再生产过程中的货币形态即资金。资金的连续变换和循环进化为资金流转。企业的生产和运营，一方面表现为实体商品的流通；另一方面展现为资金的流转，即资金运动。资金运动是企业生产和运营的价值部分，以价值形式全面反映了一个企业的生产和运营过程，成为企业生产和经营行为的一个独立环节，也就是企业的财务活动。企业的金财务活动可以分为以下四种。

（一）企业筹资引起的财务活动

融资或筹资，就是企业运用多种方式和手法来获得生产和经营所必需的资金。占有和控制一定的资金是保障企业平稳发展和壮大的核心要素，因此融资便成为企业的基本财务活动。企业能够通过发售股份、发行债券或者借款于银行等途径筹措资金，这些行为引发资金的进入。同时，企业要支付贷款、提供利息、分出股利以及支付各种融资费用，这些行为引发资金的流出，这种资金的进出构成了企业筹资激发的财务活动。

（二）企业投资引起的财务活动

只要企业筹措到资金，就得马上投进生产和经营运作，目标是赚取最大的经济利润，不然，募资活动的目标和成效就会荡然无存。企业募集的资金能够用于内部的生产和经营，比如采购固定资产和无形资产等，这就构成了企业的内部投资。另外，企业募集的资金也能投向外部的金融市场，比如购买股票、债券或是和其他企业联合运作，这就构成了企业的外部投资。不论是购买内部需求的资产还是购买外部各类证券，都会导致资金的外流。当企业将内部投资变为出售资产或回收外部投资的时候，就会有资金进入，这种因资金输入所形成的财务收支相关活动，就是企业投资引发的财务活动。

（三）企业经营引起的财务活动

在日常运营中，企业会有一系列的资金收入和支出。首先，企业必须购买材料或产品，以便进行生产和销售，也需要支付薪酬和其他运营成本。接下来，企业通过售出其产品或商品，从而获得销售收益，相应的资金便被回收。最后，如果企业的现有资金无法满足日常运营需求，就需要通过借款等短期债务方式筹集所需资金。这些因为企业日常运营产生的相关资金流入和流出，是企业经营活动所触发的财务活动，也被称为资金运营活动。严格来讲，资金运营活动是企业的筹资和投资活动，它是与企业日常运营过程直接相关的筹资和投资活动。

（四）企业分配引起的财务活动

企业通过自身的运营和投资活动产出利润，这被认为是企业资本的增长或投资所获得的收益。盈利后需按照规定比例进行分配：按照税法，有需缴纳的所得税；净盈利也需用来储备公积金和慈善基金，用于扩充业务、填补亏损和改善员工福利设施；剩下的份额将会作为回馈分给投资者（比如支付股息），或暂存于企业内，用于追加投资（储蓄收益或留存盈余）。无论是分给投资者，还是存放在企业内，都会影响资金的进出，这种由于盈利分配产生的资金收支就是财务活动。一般而言，净盈利的分配是企业的筹资活动的一部分，企业根据筹款额度提供回馈，并通过让所有者暂时放弃部分收益实现企业的筹资目的。

需要强调的是，这四个方面的财务活动并非孤立存在，它们是相互关联和依赖的，这四个方面尽管相关但各有差异，共同构成了企业完整的财务活动。

二、财务关系

财务关系是在进行财务操作过程中，企业与有关方面所发生的经济利益关系。企业筹集资金、投入资产、经营业务及分配盈利的过程必然会形成程度各异、错综复杂的经济联系，这些联系共同构成了企业的财务关系。企业财务关系可以被拆解为以下六个部分。

（一）企业与其所有者之间的财务关系

企业与投资者间的主要联系是财务关系，其主要涉及投资者的资金注入以及企业对投资者的投资回报，形成了企业与投资者之间的经济联系。投资者可以是国家、机构或个人，他们作为资金提供者，需按照投资协议或合同履行投资责任，以使企业正常运行。企业使用这些资金进行业务运营，获得收益后，需要根据投资者的持股比例或合同规定，为投资者提供投资回报。作为所有权持有者，企业享受预定的经济利益，也承担相应的经济责任和义务。简单来说，这种财务关系揭示了所有权的性质，阐释了所有权与企业管理权的联系。

（二）企业与其债权人之间的财务关系

财务关系在企业中的主要焦点与债权者，比如银行、债券所有者、商务信用供应商、不同的融资机构和个人息息相关，这通常涉及企业的贷款申请过程和按照贷款协议的规定按期偿付利息和还本付息的规定。在受市场驱动的商业氛围中，企业不仅需要利用所有者的资金进行商业运行，那些所有者也会成为企业的贷款方，这对降低资金成本、扩大商业规模有极大的优势。企业需要按照规定的利息回馈债权者，债务期满后，也需要及时归还债权者的本金。因此，企业与债权者之间的财务关系，就是债权债务关系的完美体现。

（三）企业与其受资者之间的财务关系

财务关系是商业实体与投资者建立关系的主线，这种联系主要基于企业购买其他机构的股份或进行直接投资的行为。大多数时候，被投资对象通常是其他企业。随着市场经济的持续壮大以及企业的运营规模不断扩展，这种联系有望扩展到更多领域。当企业对外投资时，必须尊重和遵守投资合同、条约及章程，确保足额资金注入，并积极参与被投资企业的管理和盈利分配过程。这种商业实体与投资者的财务联系彰显了投资者的所有权与被投资方之间的紧密关系。

（四）企业与其债务人之间的财务关系

企业和债务人之间的财务关系主要体现在，企业以发行债券、发放贷款或信用担保等方式，将自己的资金借予其他主体，从而产生的财务关联。这些债务人的身份可能包括政府、金融机构或是其他企业等。一旦企业将资金借出，可以依照先前约定的条件向债务人索取利息以及本金的返还，这种企业与债务人之间的财务联系，凸显了债权与债务关系的核心实质。

（五）企业内部的财务关系

企业的各个单位（比如生产部、销售部、子企业、制造厂、辖下机构等）在生产和经营的每个环节上，彼此提供产品和服务，并支付员工的劳动报酬，这就形成了企业内部的财务往来。在企业执行内部经济计算和内部管理责任制的基础上，企业运营中的各个环节和部门需要对产品和服务的提供进行定价和结算，以便形成内部的资金清算框架。依照劳动合约或协定，企业需根据员工的工作表现支付工资、补助和奖金等，进而构成企业与员工间的薪酬结算流程。企业内部的财务关系充分体现了企业内部责任、权利、利益的核心含义。

（六）公司与社会行政机构间的财务关系

除了经济主体，企业也扮演着社会参与者的角色，因此它会与社会管理机构不可避免地产生多样的经济联系，这类管理机构包括商业部门、税务部门、行业部门等。企业生产和运营活动涉及多方面的社会资源利用，因此，须遵守社会管理机构的规定并接受其审查，并需要通过缴纳税款、管理费、罚金等方式尽其社会责任和义务。税务部门是企业相关的社会管理机构的一个典型代表，企业依据税收法规需要缴纳给国家和地方政府各类税款，包括收入税、营业税、资源税、财产税和业务税等。公司与税务部门的财务交互，展现了强制且无偿的分配关系的特性。

在企业的财务活动中，各式各样的财务关系变动是无法避免的。当企业开展财务活动时，也需要同时对各种财务关系作出适当的应对。企业的财务目标能否实现，财务活动能否顺利进行，全都取决于如何有效地处理好企业的各种复杂财务关系。

三、财务管理的含义及特征

（一）财务管理的含义

财务管理是随着企业再生产活动及其伴随的财务活动和资金往来而出现的，是有关筹划和开展企业财务活动、处理企业财务事宜的一种商业管理职能，是企业运营的重要工具和组成成分。具体来说，财务管理负责以资产的价值为标准，对企业的生产和经营活动进行全盘管理。资金、成本、收益和利润等资金形式可以反映出企业经济活动中的人力资源的投入、消耗和产出，并以此判断企业的经济效益优劣。财务管理中的各个财务指标，为企业提供了宝贵的、系统化的经济信息，成为企业经营决策的重要参考，通过增强财务管理的效力，企业能规划筹集资金，高效利用资金，以最少的资源和消耗获取最多的生产经营利润，来实现提高企业经济效益这个终极的财务管理目标。

（二）财务管理的特征

1.财务管理是一种价值管理

由于企业运营的各种活动具有较高的复杂性，所以企业管理的职责涵盖了多个不同的领域，比如生产控制、技术管理、物资保管、人力资源调度、销售指导和财务协调等。这些管理环节都是相互关联且需要紧密协作的，各有各的科学定位和特点。特别是财务管理，其主要职责在于掌握企业的资金流动，通过运用收益、成本、利润、资产、义务、权益、现金流等经济指数，去规划和安排企业生产经营过程中的价值创造、落实和分配，处理相关的经济效益问题。因此，财务管理与其他企业管理方式的最明显的区别在于它是一种价值管理。

2.财务管理是一种综合管理

商品双重性作为市场经济的根本，决定了经济元素的内涵为使用价值与价值的统一，这正体现在企业的生产经营过程——使用价值和价值成形与交换并行的过程。由于财务管理的本质为价值管理，使其具备全面性管理的属性。尽管在企业经营中有着重点各异的管理职位，但其管理成效与业绩均能通过资金流动情况体现。另外，市场经济条件要求企业所有职能管理的成效与业绩最后归结于特定的价值指标。因此，财务管理在企业经营中是一种综合性的管理，对其他职能管理产生导向作用。

3.财务管理是一种行为规范管理

经济学的手段是对稀缺资源实现最优化配置的方法。在对经济资源进行最优配置过程中,会不可避免地接触到各个经济利益者的行为及其相互作用问题。财务管理则聚焦于企业财务活动,从财务关系的视点出发,以制度约束为特征,解决企业内部的各行为参与者、企业与外部所有利益相关群体之间的利益冲突和协调问题,通过管理体系来约束财务行为参与者的权力、责任、利益关系,提升企业经济资源的整体配置效率。同时,财务管理是一种艺术,反映出管理者的智慧和能力。

四、财务管理的内容

从资金运动的视角来考察,财务管理主要涵盖以下三个部分。

(一)资金的筹集

筹集资金被视为企业财务管理的初始阶段。作为经营生产的企业,需确保自身拥有足够数量的资金。这些资金主要来源于两个方面:一是由投资者注入的本金,包括资本储备金和留存利润;二是企业自身的债务,涵盖了长期债务和短期债务。

(二)资金的运用

经营企业所需的多种资源包括财务系统的操作,即资金的投入、使用和占有。企业也会将集资用于购置工厂、楼宇、设备包括技术与材料等,同时,生产与运营的各种费用也会在支出中体现。通过资金的使用和持有,企业将会拥有各种不同类型的资产,比如流动资产、长期投资资产、固定资产、无形资产以及递延及其他类别的资产。资本的消耗实际上是指企业在持续发展过程中所产生的各种费用,主要包括生产支出、销售费用、管理费、财务费等。

(三)资金的回收与分配

企业筹备并运用资金的目的是获得理想的收益,这意味着其取得的收入不能只弥补生产经营消耗的资金,同时也要产生利润。

营业活动通过销售自家生产或采购的产品、完成项目交付、提供服务等各类手段获得金钱,这被称为营业收入。所得的营业收入标识着资金从货币形态,

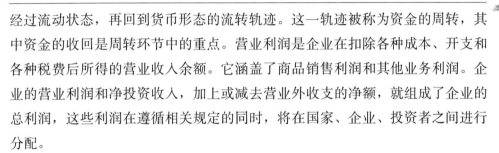

经过流动状态，再回到货币形态的流转轨迹。这一轨迹被称为资金的周转，其中资金的收回是周转环节中的重点。营业利润是企业在扣除各种成本、开支和各种税费后所得的营业收入余额。它涵盖了商品销售利润和其他业务利润。企业的营业利润和净投资收入，加上或减去营业外收支的净额，就组成了企业的总利润，这些利润在遵循相关规定的同时，将在国家、企业、投资者之间进行分配。

第二节　企业财务管理目标

一、财务管理的目标

所谓的财务管理目标，也就是理财目标，是企业期望通过经济事务实现的效果，也是评判企业财务行为是否适宜的主要依据。它直观地揭示了理财状况的变化，决定了企业财务管理的方向。每一项财务行为都始于并终结于财务管理目标，它塑造了企业的财务属性和走向，也是驱动经济活动的一股力量。而各式各样的财务管理目标又会产生各种不同的财务管理策略。因此，科学地制定财务管理目标对于改善财务行为，实现财务管理的良性循环具有决定性的作用。

（一）财务管理的总体目标

企业的财务管理目标是理财活动的主要驱动力，具有导向性作用，它的达成需要依赖于一系列的实施目标，这些整体财务管理目标应与企业的目标保持高度一致。同时，财务管理的子目标和具体目标应与总体财务目标保持一致。根据国内外的经验，财务管理的总体目标主要包括以下几类。

1. 利润最大化

根据这一观点，企业经营的成功标志即是盈利，是企业产生新财富的标志。利润的增加直观地展现了企业财富的增值，并更加符合企业的目标追求。这个理论观点是在 20 世纪 30 年代提出来的，其理论根基为微观经济学。西方经济学者通过将边际收入与边际成本等同来确定企业的生产和销售量。同时，他们也会通过利润最大化来分析和评估企业的经营表现，作为财务管理的全局指标。其合理性体现在以下几方面。

第一，收益是企业新产生的财富的象征，收益越高，说明企业的财务状况越好，越接近企业的目标。

第二，对于企业投资人、债权持有者、经营者及员工来说，赚取利润都是有好处的。利润既是投资者提高投资收益、员工增加薪资的途径，也是盈利企业扩充资本储备、扩展经营范围的核心动力。在自由竞争的资本环境中，资本的使用权有更大的可能倾向于最有盈利能力的企业。

第三，利润界是企业在特定时段内的收益扣除开支后的余额，它揭示了商业行为中输入与输出的效益，在某种程度上显现了企业经济收益的优越性或者相反。另外，利润的度量标准直观且操作方便，有助于进行测量。

然而，盈利最大化存在明显的局限性，这主要体现在以下几方面。

一是在未参照盈利时机的前提下，对资金的时间价值视而不见。假如我们比较今年的一百万元和明年的一百万元收益，哪一个更适应企业的目标？如果时间价值未被注意到，企业便无法进行适当的决策。

二是忽视了盈利与风险背后的对等关系，未能对风险给予足够重视，高收入与高风险通常是相互依存的，而同等的盈利或许来自不同的风险水平。比如同样投资500万元，且年收入为100万元，其中一家企业的收益已全部转为真实资金，另一家企业的收益却全部以应收账的形态存在，甚至有产生坏账损失的可能，哪家更符合企业的目标呢？如果忽视风险的巨大性，就无法做出正确的判断；如果只是盲目追求盈利而忽视风险，那么企业规模可能无止境地扩大，产生更大的财务风险。

三是没有考虑到盈利与投资之间的比例。盈利数额是一个绝对值，由于企业规模的不同，所获盈利会有较大的差别。如果两个企业分别赚取10万元，但是一个企业的投资为100万元，另一个企业的投资为1000万元，那么哪一个更接近企业的目标？若盈利与投资的规模不匹配，企业将无法做出准确的决策。因此，以盈利最大化为目标的观点无法准确反映企业的经济效益水平。

四是过分专注于短期收益而忽略长远规划，这样常常会使企业落入逆境。对于过分追求利润极大化的企业来说，他们可能过度利用机械和资源，只在意短期的收益，而轻视企业的长期增长。这种做法常常会导致企业资源耗尽，最后陷入破产。同时，为了追求利润极大化，企业可能会忽略产品创新、人才发展、生产安全、技术设备更新，甚至社会责任等方面的重要性。

所以，当代的财务理念并不主张以利润最大化作为最优财务管理目标。只有在投入的资本一致、盈利时间相同且相关风险匹配的条件下，才能接纳利润最大化的理念。其实，许多管理者只是将增加利润视为企业的暂时目标。

2. 每股收益最大化

所谓的每股收益，实际上是企业净利润和普通股总数的比值。这观点是基于股票代表了资本所有权在企业中的份额，因此，有必要将企业的赢利和所有者的权益资本关联起来进行研究，以展现出所有者初始资本在企业运作中的效力。

通过考察企业获利与投资的对比，这种观点能够显现出企业的盈利实力。这种方法可以用来对比规模各异的企业或者同一企业在不同时间的盈利能力。因此，这种方法可以避免只追求最大利润所带来的局限。此外，如果市盈率保持稳定，那么每股收益增加将有助于促使股票价格上涨。这样在特定的环境下能满足股东财富增长的需求。

但这种观点的局限性在于关注每股收益最大化而忽视了获取每股收益的时间和风险因素，这很可能导致企业的短视行为。当然，如果风险和获利时间都一致，每股收益的最大化仍是一个可被接受的理念。实际上，大多数投资者会以每股收益作为评判企业业绩的核心标准。

3. 股东财富最大化

按照这个理论，股东创建和运营企业的主要动机是追求更大的财富收益，因此财务管理的核心目标就是提升股东的财富值。

对于已进入公开市场交易的企业来说，股东的财产状态可以由其股份的市场价值来衡量，同时通过比较股份的市场价值和股东的投资金额差额，能够量化股东财富的增长，也就是所谓的"股东权益的市场增加值"，这实际上表示企业为股东创造的价值。此外，股东财富可以通过每股的交易价格来体现，这种方式揭示了资本与利润的关系，股票价格会受预期每股收益和企业风险等级的影响，展示出每股的收益、风险以及收益时间。这也就是为什么人们通常以股票的市场价格作为股东财富的象征，其变动可以通过股票市场中公司股价的涨跌实时反映。

将最大化股东财富作为整个财务管理的最高目标，其理由的合理性体现在：在理解货币的时间价值及风险收益的前提下，从长远的角度来看，股票市场的涨落实际上是投资者对于企业内在价值的公允评估。股价会受到企业的盈利状况、经营风险以及未来发展可能性等因素的影响。只要股东对企业未来的运营及经营成果保持积极预期，那么股价就可能会出现上涨。因此，这一理念关注的是企业利润的长期持续性，股票价值总是基于公司价值来进行的波动起落，表达了资产需保持其价值增长的期望，股东的财富与资产市场价值呈正比关系。已经上市的企业易于度量，有利于评估和奖励或处罚。然而，股东财富最大化也存在一些问题。

一是使用范围受限，这一目标仅针对上市公司有效，不论在我国还是在西方国家，上市公司在所有企业类型中仅占一小部分，众多的非上市公司无法实现这一目标。因此，其在实际运行中的普遍性受到限制。

二是忽视了非股东权益相关群体的权利。只注重最大化股东的经济收益，忽视了实际情况中股东可能会利用其有利位置侵犯其他权益相关者的权利。因此，对股东利益的过度关注是不合逻辑的，也是不尽责的，违反了商业伦理原则，原因在于它低估了权益相关者的重要性。

三是股票价格往往无法精确反映股东的财富状态。股票价格的波动受多种因素的影响，其中包括那些企业无法控制的非经济问题，还有企业为了提高股票价格而进行的财务造假行为，这使得股票价格难以精确展现股东真正的财富状况。这也给公司的实际运营成绩的评定带来了一定的困难。

4. 企业价值最大化

企业的价值取决于其全部资产的市场价值，其中包括债权、股权、人力资本和品牌影响等价值，它体现了企业潜在的或预期的盈利能力，可以通过计算企业未来的自由现金流现值来衡量。优化和合理的业务决策，充分利用资金的时间价值和风险收益的平衡关系，致力于企业的持续发展，强调在追求企业价值提升的同时要兼顾所有利益相关方的利益，并逐步增加企业的财富，使得企业的整体价值最大化。这被认为是企业财务管理的最终目标。

财务管理的总体目标设为企业价值最大化的合理性在于：在对企业价值进行测算时，投资者会把预期的未来自由现金流的即时价值累积起来，在这个过程中，他们会把资金的时间价值和风险元素纳入考虑范围。另外，他们会根据实现的可能性来预测自由现金流的价值，并在计算中考虑风险因素。这个目标有利于帮助企业理性地统筹长期和短期的规划，挑选适宜的投资项目，精心策划资金使用，以及制定合理的红利发放策略等；防止了在管理上的偏颇思维和短视行为。企业的价值不只取决于当前的盈利程度，而更多的是取决于未来的盈利预期。因此，为了增加企业的价值，企业必须保持健康的发展趋势，保持充足的现金流；不仅是考虑到股东，还有其他利益关系人如债权人、经理层、一般职工的利益，才能使企业价值最大化；有利于社会资源的有效分配。社会资金一般流向价值最高的企业或行业，有利于使社会福利最大化。

不过，该目标仍然存在一些问题。一是衡量手段的不足使得在运算环节，自由现金流和折扣率难以预测，可能产生较大的偏差，因此难以作为设置各部门目标及作出决策的基础；二是在实际使用中存在的问题。企业的价值评估是基于对未来收益的预测进行的，而非企业当前实际得到的收益，由此，对于已有的业绩无法进行评估，使企业在财务管理中难以真实运用。

尽管企业价值最大化的观点有其不足，但是它能满足所有涉及方的最大收益逻辑，这使企业在注重增加股东财富的同时，也能关注其他人，管理财务风险，降低资金成本，提升企业的整体价值，具有极大的益处。因此，目前财务管理的总体目标主张便是实现企业价值最大化。

（二）财务管理的具体目标

设立特定的财务管理目标是为了实现财务管理的总体目标，这些目标应满足企业所有具体财务活动的需求。

1. 筹资活动的具体目标

为了保持其运营的连续性或者扩展业务规模，企业必须拥有一定的资金准备。这些资金可以通过多种筹资方式获得，比如发行股票、向银行贷款或是发行债券等。然而，每一种筹资方法都有其成本和风险。在筹资管理中，主要有两个目标需要达成：一是要以最低的资金成本筹措到尽可能多的资金，其中包括要支付给投资者的利息、股息及其他筹资过程中的各种费用；二是以最低的筹资风险获取资金，其中主要涉及偿还债务时的风险。总之，筹资管理的目标就是要以最低的资金成本和最小的筹资风险，获得最多的资金。

2. 投资活动的具体目标

在遵循财务管理总体目标所提出的投资要求时，最首要的工作就是确保投资的最大收益。同时，投资收益与企业的投资资金的多少是相关的。如果一个企业的投资收益率高，它的盈利能力就强，这将有助于提升企业的整体价值。但是投资也是有风险的，所以在追求最大收益的同时，要尽可能降低投资风险。因此进行投资的企业应以严密的可行性分析作为投资管理的主要目标，以此旨在提升投资收益和降低投资风险。

3.营运资金管理的具体目标

在财务管理领域，营运资金管理的作用绝不可以被忽视。适当地运用资金，提高投入资金的效益，减少营运过程中出现的财务压力，以确保营运的顺畅，这是个极其重大的议题。因此，营运资金管理的目标就是要在保证企业业务运行的同时，做到资金的实质性有效利用，加速资金流动，进而极大地提升使用资金的效率。

4.收益与分配管理的具体目标

利润及外部分配管理是对企业所获得的收益，在企业和投资者、员工、政府等参与方间进行划分，这种划分涉及各参与方的经济收益，也涉及企业现金的流出，这会对企业与各参与方的关系以及企业的财务稳定带来影响。因此，企业需要站在全局的角度，正确处理与各参与方的关系，选择恰当的分配方式。总之，利润及外部分配管理的主要目标是采取一切合适的手段，尽力提升企业的利润水平，并进行合理的利润分配。

二、财务管理目标的协调

企业的财务活动与各类利益参与者息息相关，而各类利益参与者又形成了复杂的财务关系。所以，以"提升企业价值"为财务管理的宏观目标，其首要之事便是调整各方的利益关联，解决他们潜在的利益冲突。

从企业的视角来看，股东、管理者和债权人的关系构筑了企业财务管理的根基。股东把企业的经营权委托给管理者，希望他们能够满足股东的利益，但是管理者和股东的目标并非完全一致。同理，债权人贷款给企业，更多的是为了自己的投资收益，而不是追求企业价值的最大化，这与股东的目标有所区别，这就构成了所谓的代理问题。因此，为了实现企业的财务管理目标，公司必须在这三者之间寻找平衡。

（一）股东与经营者之间的利益冲突与协调

经营者和投资者之间的主要利益冲突在于，经营者希望在创造财富的过程中，能有更大的收益和享受，并力图避开风险。然而，投资者却期望经营者全力以赴，以最小的成本（收益）获得最大的财富增长。因此，经营者可能主要考虑自身的利益，却不顾及股东的利益，这种利益冲突可能在两个方面表现出来。

1. 存在着道德败坏的风险

当经营者更注重自身利益而不全力以赴来达成企业目标时，就产生了问题。他们不会冒着风险来升高股价，因为股价增加的益处会落到股东身上，而若是有所失误，却会导致他们的"身价"下跌。"他们未犯下任何错误，只是没有全力以赴，留出了更多的空闲时间"。这种行为并不触犯法律或行政责任，只是道德上的败坏，因此股东很难对他们追责。

2. 逆行决策

经营者为了实现自身的目标，而偏离了股东的利益方向。比如装修豪华的办公室、采购豪车等，都是以工作需求为名挥霍股东的资金，或者有意识地让股票价格低迷，自行贷款回购，进而造成股东财富的损失。一般来说，为了避免管理者偏离其目标，股东会同时运用监控和激励的策略来调整自身与管理者的目标。

（1）实施监督

经营者开始偏离股东的目标，通常是因为信息不对称，即经营者对企业的了解比股东深入。为避免"道德风险"和"逆向选择"等问题的出现，股东需要获取更丰富的信息，以对经营者进行监督。当经营者违背股东的目标时，可以通过减少其薪资等手段进行干预，甚至有可能选择将他们辞退。

（2）激励政策

一种防止经营者偏离股东利益的方式是设立奖励制度，让他们有机会享有企业财富的增长，从而刺激他们做出有利于股东利益最大化的决定。比如当企业的利润率或股票价格上涨时，可以通过现金、股票期权等方式奖励经营者。奖励的途径和金额有多样化的选择。如果奖励过少，无法有效地刺激经营者，股东便不能获取最大的利益；若奖励过多，股东所支付的激励成本过高，也不能达到自身最大的利益。因此，尽管激励措施能够减少经营者与股东意愿相悖的情况，但是并不能解决所有问题。事实上，全面监控和激励是不可行的，受到成本约束，股东无法对每项事件进行监控和激励，所以股东需要在监控成本、激励成本和偏离股东目标的损失之间找出平衡，目标是找出能使三者总和最小的解决策略，这就是最优的解决方案。

（二）主要股权所有者和小型股权所有者之间的利益矛盾与整合

一般而言，大股东即指企业的主要股权拥有者，握有企业大部分的股权，因而在企业的决策和经营方面具有决定性的影响。与此相比，数量庞大的中小型股东虽多，但他们拥有的股权相对较少，因此在企业决策和管理方面的作用微乎其微，他们只能依据自己所占股份的比重来分取公司的利润。由于大股东在权利和信息方面的优势地位，小股东的权益因此可能以多种形式被大股东侵占，比如大股东有可能掌控管理层、操作股票价格、挪用上市公司的资金或进行不恰当的关联交易等。这也正构成了大股东和中小股东之间的代理问题。

在中国，特定的制度背景使得大股东占据中小股东利润的问题尤为凸显。因此，探讨如何控制大股东的不当行为，保护中小股东的权益，已经转变为企业财务管理的关注焦点之一。目前，主要的防护策略如下。

（1）强化和改进对上市公司治理架构的努力，让股东大会、董事会和监事会三者之间能有效配合，形成相互制约的机制。一方面，可以通过法律途径提升中小股东的投票权、知情权和决策权；另一方面，也需要提高董事会中独立董事的比例，让他们在董事会中能更好地维护中小股东的利益，行使投票权。最后，应该完善和建立健全的监事会，保证他们能对董事会和管理团队进行有力的监督，保持其实质上的独立性，并赋予他们更大的权利，如监督权和起诉权。

（2）规范上市公司的信息发布制度，以确保信息的完备性、真实度及更新的及时性。同时，应进一步完善账目准则体系与信息公布条例，加大对于信息公布违法行为的惩罚力度，加强对信息公布的监管力度。

（三）股东与债权人之间的利益冲突与协调

在企业从债权人处筹集资金后，会建立一种以债务为基础的代理关系。债权人将资本借出，期望在规定的时间内回收本金，并得到预期的利息收益，而企业筹款的目标是拓展业务，投资风险较高的项目，以期获取更大的收益。因此，双方的利益并非完全对等。

对那些债权人来说，他们在放贷前就清楚贷款存在风险，因而会把这种风险回报包含在利率当中，需要考虑的要素包括现行资产的风险、预测新建资产的风险、当前的负债率、未来的资金结构等。然而一旦贷款合同确定，资金交给了企业，债权人就失去了掌控权，股东可以通过管理者损害债权人利益从而让自身获利，可能的手段如下。

一是股东在未征得债权人同意的情况下，涉足风险更高的新领域。倘若这

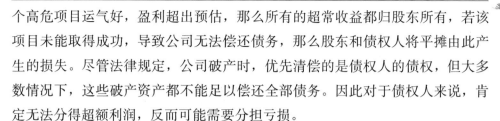

个高危项目运气好，盈利超出预估，那么所有的超常收益都归股东所有，若该项目未能取得成功，导致公司无法偿还债务，那么股东和债权人将平摊由此产生的损失。尽管法律规定，公司破产时，优先清偿的是债权人的债权，但大多数情况下，这些破产资产都不能足以偿还全部债务。因此对于债权人来说，肯定无法分得超额利润，反而可能需要分担亏损。

二是在没有得到债权人同意的情况下，股东直接让管理层发出新的债券，以争取更高的公司收益，这种做法直接让原有债券的价值下降了，从而给原债权人造成了经济损失。旧债券价格下滑的主要原因是公司新增债务后，债务比率升高，公司破产的可能性也随之增大。当公司倒闭时，新旧债权人需要共享倒闭后的资产，这也使旧债券的风险增加，价值自然也就下降了。对于那些不能转走的债券或其他借款，债权人只能面对无法通过出售债权来解决困境的现实，形势更加严峻。

防范权益受损，债权人可以求助于法律保障，如在破产状况下先行采取控制以及在分配剩余资产时优于股东等措施。同时，平衡股东和债权人利益矛盾的常用方法包括限制性贷款、收回贷款、暂停贷款等。

第三节　企业财务管理原则

一、财务管理的基本原则

为了确保企业的财务管理目标得以实现，以下是企业应该遵循的主要财务管理准则。

（一）货币时间价值原则

在进行财务度量时，必须考虑金钱的时间价值概念，这是关于金钱在经过一段时期的投资或再投资后会增值的重要观点。从经济学的角度来看，即使在没有风险和通胀的前提下，不同时间的同等货币也有其特定价值。因此，货币的时间价值数量上等同于无风险和无通胀背景下的社会平均利润率。该原则的首要应用是现值概念规划长期投资策略，不论是选用净现值法、盈利指标法或者是内含报酬率法，都应当建立在货币时间价值的观念之上。牢记"提早收款、延迟付款"的策略，针对应付账款的付款期进行有效调整、管理存货周转期及

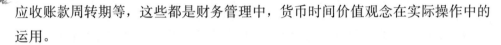

应收账款周转期等，这些都是财务管理中，货币时间价值观念在实际操作中的运用。

（二）资金合理配置原则

具备适当的财务储备，对企业的运营和生产活动是必须的。然而，所有企业的资金都是有限的。企业的财务管理是对其所有的资金进行管理，资金的运用结果是形成企业众多的物质资源。对资金的合理分配指的是企业在组织和使用资金的过程中，通过合理的组织和调整，确保各种物质资源有最优化的结构和比例，保证企业的运营和生产活动正常进行，使资金能被充分和有效的使用，从整体上获得最大的经济效益。

从筹资角度分析，资金的分布主要体现在资本结构上，尤其是债务资本和股权资本的比重、长期负债与流动负债的比重，以及每一个内部详细项目的比重。企业除了确保筹得的股份能满足其正常生产和经营的需求外，应保证资金配置的合理。从投入或者资金运用的角度考量，公司的资金表现为各种类型的资产，不同资产形式之间需保持适当的结构比例，包括内部投资和外部投资的比值。内部投资比值包括流动投资和固定投资的比例、有形资产和无形资产的比例、货币资产和非货币资产的比例等。而外部投资的比率包括债券投资和股票投资的比值、长期投资和短期投资的比值等，以及各资产内部的结构比。确定这些资金结构比例时，都应遵守资金分配的合理性原则。

（三）收支积极平衡原则

在财务管理中，关键不仅是要保证各项资金储备的协调性和平衡性，还要重视资金流动的均衡性。也就是说，企业需要在一定时期的总收入和总支出达到平衡，在各个具体的时间节点也必须保持平衡。时间节点的收支平衡是资金能持续流动的关键因素。健康的财务收支平衡是企业财务管理的核心需求，资金的短缺或多余都会对企业的正常运营产生影响，甚至可能对企业的存续产生影响。因此，积极的收支平衡原则要求，企业不仅需要积极筹措收入，满足生产和投资的需求，还需要节制开销，避免盲目决策。在保持一段时间内总资金供应和需求的动态平衡及各个时间点的资金供求静态平衡的同时，企业应该增加收入、减少成本、缩短生产周期、生产和卖出优质产品，扩大销售收入，合理安排资金，提高资金的使用效能。同时，企业要和资本市场紧密联系，提高筹资能力。

（四）成本效益原则

在企业的财务管理中，不仅要关心资金总额及其流动状态，更要留意其价值提升。企业的资金增值其实是资金的净增长，主要来自经营盈利或投资收益。因此，有必要对资金增值的两个关键因素——成本与收益进行细致的研究和考量。管理中的效益原则就是对企业运营过程中的投入和收益进行比较及分析，对经济行为的得失进行评估，从而达成成本与收益的最佳配比，使得利润达到最大化。

对企业的整体财务活动而言，"成本—效益"分析是至关重要的。在谋划融资方案时，需要对照比较其资本成本和投资收益率。在投资选择中，必须对投资项目的现金流出和流入进行差异分析，生产和经营阶段需要将战略的经营成本与获得的收入进行权衡。当有多个备选方案选择时，应考虑弃选方案可能带来的预期收益作为接受方案的机会成本，并与最终实现的收益进行对比。

（五）收益风险均衡原则

在财务活动中，风险的含义是预计财务成果的可预知性。若想达到收益目标，企业不能逃避风险，因为低风险只能带来低利润，而高风险却有可能带来高收益。在财务管理时，企业应平衡收益与可能的损失，而不是仅追求收益。风险与收益平衡的理念强调风险与收益之间应有均等的关系，因此企业需要全局考虑每个财务活动的收益水平和安全性，根据收益与风险的适度平衡选择具体的行动方案，企业的管理者不能只追求高风险而不顾财务风险，也不应过分保守，过度强调财务安全，否则可能会让企业错过好的机会，导致发展停滞。企业需要评估自身的盈利潜力和应对风险的能力，并在做好合适的风险分析和平衡后，选择对企业最有益的方案。

二、关于财务管理原则的其他观点

（一）有关竞争环境的原则

竞争态势的基本理念就是对资本市场内人的行动模式的根本理解。

1. 自利行为原则

人们在做决定的时候，会根据自身的经济利益来做出行动，这就是自利行为原则的具体表现。如果在其他所有变量都保持不变的情况下，人们往往会偏向于选择那些对自己的财务收益最大化的决策和行动。

自利行为原则恰恰基于理智的经济行为者假设。这个假设认为，人们在参与任何交易时，总会衡量成本和收益，然后选择最能对自身产生利益的策略来执行。自利行为原则假定，企业决策者对企业目标拥有适当的理解，并清楚如何实现这些目标。在带有这种假设色彩的环境下，企业应会选择自己利益最大化的策略。问题的关键是，商业交易的本质就是求利，人们进行商业交易总是出于个人利益的考虑，否则他们完全没有必要参与商业交易。自利行为的原则并不是要强调金钱在任何人生活中的重要性，或者认为金钱可以代表一切，而是在"当其他一切因素相等时"，所有的财务交易参与者都会选择最能提升自身经济利益的提案。

在主要的应用领域，自利行为的黄金法则就是代理原理。根据这个理念，一个企业应被认为是由多种追求个人利益的团体构成。当一个企业只有一个拥有者时，他的行为通常会十分清晰和一致。但是，如果企业是一个大规模的公司，情况则会相当复杂，因为在相关的利益方之间，可能会存在利益矛盾。公司的利益相关者可能涵盖了各种各样的身份，比如普通股股东、优先股股东、债务人、银行、短期债权人、政府、公众、高管、员工、客户、供应商、社区等。所有这些人或团体都会根据自利行为黄金法则来行动。企业和所有这些利益相关者的关系往往属于代理关系。这种充满了互相依赖和冲突的关系通过契约来达到协调。因此，代理原理是根据自利行为黄金法则建立的。有些人提议将"代理关系"作为一个单独的财务准则，这就足以证明其重要性。

采用机会成本理论就是自利行为原则的另一个应用方式。在独立的行动被个体执行时，其他可能的行动就被相对地排除在外。因此，个体必须对这场行动与其他可能选取的行动之间的收益、效益进行比较，判断哪个更对自己有利。当在两个选项中选择一个并放弃另一个时，放弃的选项的收益就构成了选择的选项所要付出的机会成本，这也被称为选择的代价。尽管对机会成本的理解可能存在分歧，其计算过程可能也会遇到复杂问题，但毫无疑问，决策过程中的一个关键问题就是考虑机会成本。

2. 双方交易原则

双方交易原则意味着，每次交易都至少涉及两个主体。在这样的动态中，每个主体根据自身的经济利益做出决策，同时要考虑到另一方也会为了自身的利益而采取行动。更重要的是，彼此都一样聪明、努力并且富有创新力。因此，在决策的时候，每一方都必须要对另一方可能的反应有所预料。

在商业活动中至少要涉及两个参与者，这是由交易的"零和博弈"理论以及参与者以自我利益为动机的特征决定的。每一笔交易无论如何都会牵扯到购买方和售卖方，这个事实是无可辩驳的。在成功的交易中，所买入的资产数量与被售出的资产数量一定是相等的，不论是处于买方市场还是卖方市场。例如，在股票市场上，每售出一股，就将有一股被买入。由此可见，购买和销售的总数是绝对相等的，鉴于此，利润一定来自他方的失利。一个愿意出风头的买家可能会遭受损失，而应对的卖家会获取收益；反过来，一个买家可能从报价较低的情况中获益，而卖家则会受损。其中一方的利润正好等于另一方的损失，这样看起来总和为零的情况，因此被命名为"零和博弈"。

在"零和博弈"的交易过程中，每个参与者都以最大化自己的利益为准则，尽可能地避免受损。那么为何交易还能进行呢？这与信息不对等有关。由于买方和卖方获取信息的程度不同，他们对同种金融产品有不同的期望。这种预期的差异引发了买卖行动：高估价格的人愿意去购买，相反，低估价格的人会想要出售，直到市场价格达到他们的共同期望，交易才会终结。只要有一方认为交易对他无利，那么交易就无法完成。因此，交易的方式不能仅考虑自身的利益，还需关心另一方的利益，否则就无法实现交易。

在进行财务交易时，交易双方的基本准则禁止个人主义的态度，仅仅关注自己的利润，而忽略了别人的存在及他们为了利益而采取的行动。同时，交易规范强调不能过度自负或过度看重自我，错误地高估自身而忽视对手。比如收购公司经理常常声称他们能更好地运营目标公司，从而提高其价值，因此愿意支付高价购买。然而，这样不只低估了目标公司管理层的能力，更重要的是忽略了市场评估的权威。这种人错误地认为自己比市场更有智慧，发现了市场未能关注到的公司。然而，实际的情况是，当一家公司决定收购另一家公司时，大部分情况下，收购公司的股价并未上升，反而下跌。这就说明了收购公司的出价过高，导致了自家公司价值的下降。

在理解财务交易的过程中，也需要重视税务影响的交易准则。税金的存在主要体现在利息税前扣除，导致部分交易出现"非零和博弈"的情况。政府实际上是无须邀请的交易第三方。在所有交易中，政府都会收取相应的税费。减少支付给政府的税费，交易的两方受益显著。寻求合法的方法来减少税务负担被称作避税，尽管避税使交易双方受益，但会增加其他纳税人的税务负担，从广义角度看，这并未改变"零和博弈"的情况。有观点认为，"理解税务影响的决策"应被视为一项独立的理财准则，因为税务会影响所有交易的情况。

3. 信号传递原则

信号传递原则是指行动能够传递信息，有时比企业的公告更能取得说服效果。信号传递原则的根源是自利行为原则。因为无论是个体还是企业，他们的行动都是以自身的利益为基础的，因此购买某一种资产可以暗示该资产的"价值相等"，而购买的行为也能提供有关决策者未来期待或计划的相关信息。比如公司选择进入一个新的行业，这显示了管理层对公司能力和新领域未来发展的高度信心。

信号传递原则强调基于企业的行动来推测其未来盈利状况。比如一家频繁通过配股筹资的企业，有可能表明其现金生成能力较弱；一家大规模购买国债的企业，可能暗示其缺乏净现值为正的投资渠道；公司内部股东的股票出售行为，往往暗示公司的盈利能力正在下滑。如同某某公司破产前一直呈现利润上升的趋势，但实际上其内部人员在一年前已然开始出售其持有的股份，并且未有内部人员购买。这一行动揭示了公司管理层已经认识到公司正在面临困境。特别在公司公告（包括财务报告）与其实际行动不一致的情况下，行动往往比言辞更能说明问题。也就是我们常说的"不只要听其言，还要看其行"。

在决策过程中，企业不只是对行动方案本身进行考量，还需思考其可能向大众传递的信息，这就是信号传递原则的要求。在资本市场，每个参与者都在利用他人的交易信息，同时自己的交易信息也将被他人所获取和应用。因而，交易信息的影响必须要被考虑进来。比如当一种商品的价格降低到令人难以想象的程度，人们会认为其质量低劣、不值一提。比如一家会计师事务所由一栋简易办公室搬进豪华写字楼，就在向顾客传递着一种高收费、高服务质量、可信赖的信息。所以在决定降价或更换地址等问题上，除考虑决策本身的利润和成本，还应思考信息效应的得失。

4. 引导原则

当所有策略均未奏效的时候，找到一个值得信赖的典范作为自己的导向，就是所谓的引导原则。

"所有尝试均以失败告终"，主要是由于我们的认知能力受到限制，无法确定哪种方式对自己最有益，或者是寻找最佳解决方案的代价太高，以至于无法得出确切的结论。在这种情况下，不需要再固守使用正式的决策分析过程，比如收集相关信息、制定各种备选方案、利用模型对方案进行评估等，而应该直接效仿成功人士或者大众的普遍做法。举例来说，当在一个陌生的城市寻找餐馆时，根本无须或者无暇去了解每家餐馆的详细信息，应当选择一个客源较多的餐馆就餐，而不是选择客源稀少的饭店，因为那里要么价格昂贵要么服务质量低。

引导原则是信号传递原则的一种运用。许多人选择在这家餐厅用餐，这暗示了大众对其评价颇高。一旦接受了行动能传递信号的观点，那么引导原则的存在也就不可避免了。千万不要把"盲从"和引导原则混为一谈，这种法则只在两种情形下适用：首先是在认知能力不足，无法确定最适合的解决办法时；其次是在追求最佳解决办法的代价过大时。在这些情况下，听从值得信任的人或者大众的意见通常是最有利的选择。引导原则无法总是帮你找到最理想的答案，但它确实能帮你避开最差的选择。这是一种次优的策略，它最好的结果是得到近乎最优的结果，最糟的结果是复制他人的错误。尽管该原则可能存在潜在的问题，但在认知能力、成本或信息有限，无法找到最佳方案的情况下，我们常常需要依赖引导原则来解决问题。

引导原则一种重要的实践就是行业标准概念。比如选择公司资本结构的问题，理论上并没有能给出最优资本结构模型的实际方法。参照一些成功公司以及大部分公司在本行业的资本结构，并且尽量不偏离这些公司的水平，这就构成了一个有效且积极的策略来决定资本结构。还有一个实例是，如果房地产的系统化评估方法的成本过高，不如参照近期类似房地产的交易价格。

通过利用资源提出最佳方案，让其他的"模仿者"能够减少信息处理的费用。有时候，引导者反过来成了"受害者"，而模仿者反而成了"赢家"。《中华人民共和国专利法》和《中华人民共和国版权法》保护了创新者，要求模仿者给创新者付费，因而避免了"免费复制"的情况的出现。然而，在财务领域没有这样的规范。很多中小投资者常常跟随大股东或机构投资者以降低信息成本。因此，全球的金融监管机构都严格禁止操纵股价的恶劣行为，以确保股市的公平与公正。

（二）有关创造价值的原则

创造价值的准则，其实就是人们对于扩大企业财富基本规律的了解。

1.有价值的创意原则

有价值的创意原则是指创新能带来额外的收益。

竞争理论提出，企业取胜的主要竞争力产生于产品（或服务）的差别化和成本优势两大因素。产品的差别化包含了产品本身、销售和发货方法、销售渠道等在行业内客户高度关心的独特要素。所有的独特性元素都源自新颖的创意，那些创新并维持产品差异化的企业，只要他们的产品高出了用以支撑产品独特性的附加成本，就能获取超出平均标准的利润。

正是大量创新产品的诞生，为发明者和生产企业带来了丰厚的财富。

有价值的创意原则主要运用于直接的投资项目。一个项目靠何种方法能达到正盈利情况？它必须是一个创新性的投资项目。只做已经被做过的投资项目或者模仿他人的方法，最多仅能获得平均收益，只能使股东财富保持不变，并不能增加。新颖的创意总会被他人仿效，失去本来的优势，因此创新的优势都只是一时的。公司的永久性竞争优势，只能靠一连串的短期优势来维持，必须持续创新，才能保持产品的差异性，不断增加股东财富。同样的规则也适用于经营和销售方面，比如麦当劳采取的连锁商业模式创新，使其投资者财富大增。

2.比较优势原则

比较优势原则是指专业技能可以创造价值。

在市场之中，人人都想盈利，然而如何获利？须在某个领域超越他人，并利用这一优势创造财富。比如篮球是迈克尔·乔丹的优势，在这方面他无人能敌，如果他转行去打棒球，就违背了比较优势的原则。没有比较优势的个人，难以得到超越一般水平的收入；没有比较优势的公司，难以为股东增加财富。

分工理论是比较优势法则的基础。只有当每个人都从事他最擅长的工作，每个公司都制造他们最合适的商品，社会的经济效益才能得到提升。

"各尽所能，各取所需"是比较优势原理的实践。在一个有效运作的市场环境中，无须期待每人或每事都能达到最优，关键是了解谁有能力实现最优。如果别人能够比你更好地完成某项任务，你就应该付费让他完成，而你应该去从事那些你比别人做得更好的事，并从中收取报酬。如果每人都将精力投入到最擅长的领域，那么每项工作就会找到最合适的人选，这将促进经济效率的提升。当每个企业都在做他们能够做得最好的事情时，整个国家的效率自然会得到提高，这种效率最优化的原则，也是国际贸易的基础。通过每个国家都去生产他们最能有效生产的商品和服务，每个国家都能从中获益。

比较优势原则的另一个应用表现在优势互补。与伙伴合作、融合、收购等行为，其出发点就是优势互补的理念。一方可能拥有某一类型的优势，比如独有的生产技术，而另一方则拥有不同的优势，比如出色的销售网络。两者结合后，能够迅速整合各自所拥有的优势，还能创造出新的优势。

比较优势原则要求公司主要集中力量在本身具备优势的领域，而不是日常运营活动。创立并保持自身的竞争优势，是公司持续盈利的关键。

3. 期权原则

期权即无须承担责任的权限，具有经济效益。在进行估值时，必须要考虑期权价值的原则就是期权原则。

金融期权交易是期权理念的源头，它的含义是所有者（也就是期权购买者）有权力要求出票方（即期权卖方）按期权合同中规定的事项完成交易，而出票方却无法强制所有者做任何事。在财务领域，一个明确的期权合同通常是指根据事先确定的价格购买或卖出资产的权力。

在广义的理解中，期权并非仅仅存在于金融契约中，任何无须承担义务的利益皆可看作是期权。大量的资源都伴随着潜在的期权。比如一个企业有权决定是否销售某项资产，如果报价未达预期，可以选择不销售。反之，如果对价格满意，可以选择销售，这种选择权是普遍的。一项投资方案有正向的净现值，所以被接纳并实施，但投入后才了解其并非如预期中那么完美。在这种情况下，决策者会进行调整而不会继续按照原计划进行，选择结束项目或者改良计划，以最大限度地减少损失。这种接下来的选择权是有价值的，也能增加项目的净现值。因此，在评估项目时，应该要考虑到这种选择权的存在和可能的价值。有时一项资产带来的期权价值甚至可能超过资产本身的价值。

4. 净增效益原则

净增效益原则即意味着以净利润增长为基础进行财务决策，一项决策的价值由其替代方案所带来的额外净收益来决定。

要评估一项决策的效果，必须将其和其他可能的选项（包括保持现状不做任何改变）进行比较。如果有一个方案能生成的净收益超过其他选项，那么我们就会认为它是更好的决策，其优势就体现在那额外的净收益上。在财务决策中，净收益通常由现金流来评估。一个选项的净收益通常是指该选择所带来的现金流入和流出的净额。"由选项导致的流量增加"是专门指在这个特定选择下才会发生的现金流动，如果没有选择这个选项，那这些现金流入和流出就不会发生。

分析差额的方法实质上就是净收益增长理念的一个应用领域，其焦点主要集中在评价投资项目时，仅对每个项目的不同部分进行深度分析，而对每个项目中相似的部分则选择忽略。虽然净收益增长原则可能看上去简单，但其实施却需要敏感的观察力和精细的审查，需要仔细检查各种方案对企业现金流总量的直接和间接的改变。比如新产品上市决策可能带来的现金流变化，包括新设备投资及公司现有的非流动资产对现金流的影响，不只涉及固定资产投资，还涉及需要补充的营运资金，既包含新产品的收入，也包括对当前产品销售的积极或消极的影响；不仅有产品直接产生的现金流进出，也包含其对公司税负的影响等。沉没成本的理念是净收益增长原则另一个应用，它表示已经产生并且未来决策无法改变的成本，这种成本与未来的决策无关，所以在决策分析的过程中应予以排除。

（三）有关财务交易的原则

财务交易的基本原则，实际上是人们对财务交易基本规律的理解。

1.风险——报酬权衡原则

基本上，风险与收益之间有一种均衡规律，这就是风险报酬的均衡法则。遵循这一法则，投资者需要在风险与收益之间寻找一个平衡点，有时可能需要承受更高的风险以得到更多的收益，有时可能需要接受较小的收益以避免风险过大。换种说法，就是这种"均衡规律"表明，如果一个投资机会可以带来高收益，那么它一定会有高风险。反之，低风险的投资机会一定只能带来相对较低的收益。

在财务交易环节，只要其他所有因素不变，大多数人会更偏爱高收益和低风险。假设存在两个投资机遇，除了收益外其他条件（包含风险）均一样，人们会自然选择收益更高的，这是由自利行为原则所引导的。若面临两个投资机遇，只有风险程度不同，其他条件（包含收益）相同，人们会选择风险较低的机遇，这是"风险厌恶"理论决定的。所谓的"风险厌恶"，便是大众对于风险的普遍厌恶，视风险为负面的因素。一枚确实可以获取的1元，其经济价值定然超过一个未定的1元。

若每个人都以自身经济利益为行动指导，且普遍偏好于风险小回报高的投资，那么竞争便会形成风险与回报的平衡。要在风险较低的环境中寻求高回报几乎是不可能的，尽管这是大家所向往的。即便你抢先一步发现并行动于此类投资机会，他人也会尽快跟随，竞争会将收益率降低至与风险匹配的程度。因此，在现实的市场里，只存在那些风险大回报高或风险小回报小的投资机会。

如果期望得到明显的回报，企业必须接受可能带来巨大损害的隐含威胁。每个市场参与者都在自己的风险和利润之间进行权衡。有的人愿意接受大风险来换取大回报，有的人可能更偏向于小风险、小收益，但大家都期望风险和利润能对等，不愿意承受不带来回报的风险。

2. 投资分散化原则

投资分散化原则的核心观点是，不要将一切财富都集中投入到单一的项目中，而是应该进行多元化的投资。

马科维茨的投资组合理论构建了投资者实施分散投资的理论框架。该理论认为，将多只股票集合起来的投资组合产生的收益率，是各股回报的加权平均值，而该种组合管理方式的风险性却较各股风险的加权平均值较低。所以，采取投资组合的策略有助于有效缩小投资风险。

若某人将所有的资产都投入到一家公司中，如果这家公司倒闭，他也会因此丧失所有的资产。然而，如果他在10家公司中分散投资，只有当这10家公司全部倒闭时，他才会失去全部财富。10家公司全盘倒闭的概率相较于一家公司倒闭的概率小很多，所以资产分散投资有助于减小风险。

遵循投资分散化的原则是极为重要的，这不仅对股票投资有效，公司的各种决定也应该秉持这项原则。公司应避免将所有投资仅限于少数项目或特定产品；销售也不应集中在寥寥几个客户身上；资源提供也不应只依靠某几个供应商。重要任务不应仅由一人承担，重大决策也不应只由一人决定，任何具有风险的事务，均需实施多样化原则，以减少风险。

3. 资本市场有效原则

资本市场这个概念，简单来说就是证券交易所在的地方。而有关于资本市场效率的观念，指的是在资本市场内大量交易的金融资产的市场价格可以准确地显示所有可获得的信息，在接触到新的信息时，能够立即进行调节和适应。

资本市场有效原则要求在经营财务活动时要顾及市场对企业的估价。资本市场犹如企业的一面镜子，兼具校正企业行为的功能。股票价格揭示了企业的全面经营表现，任其随意所为、篡改账目无法提升企业价值。有些企业倾尽心力、用尽心机操控报告信息，采用"创新会计处理"以增添报告盈余，企图通过财务报告造成用户错觉，然而在有效市场中此类行为均无济于事。凭借资产置换、相关交易手段操控盈余，只能短暂获益，最终必将付出该付的代价，甚至可能导致企业破产。在市场对企业评价下滑时，应深入检查企业行为是否存在问题并寻求改善，而非企图欺蒙市场。试图诓骗市场的人，最后必将被市场弃之。

当运用金融工具理财时，必须严格遵循资本市场有效原则。如果资本市场合理运作，那么购买或售卖金融工具的交易活动的净现值将为零。作为资本市场获资者，企业很难在筹资过程中实现正的净现值（即提升股东财富）。公司之间的生产和经营的投资产生的竞争力有限，仅在少数公司之间出现，缺乏充分竞争。但是，如果一个公司拥有诸如专利权、专有技术、优良的品牌形象、较大的市场份额等优势，那么它就有可能在某些直接投资中获取正的净现值。与商品市场相比，资本市场的竞争更加激烈，交易的规模更大，交易成本更低，资产均质性更强，效率明显更高。所有需要资金的公司都在寻找成本较低的资金来源，形成公正的竞争环境，公平的竞争确保财务交易基本公平。在一个高效的资本市场中，收益与风险匹配，即与资本成本一致，这使得提升股东财富成为一项巨大的挑战。

4. 货币时间价值原则

货币时间价值原则是在进行财务计量时，必须考虑与货币时间价值有关的元素，而"货币的时间价值"是指货币在被投资且再投资后的某段时间里增加的价值。

由于货币的时间价值，资金在市场投资后随着时间的流逝会逐步升值，这是一种普遍的经济现象。只有当投资者能获得相应的收益，他们才会乐意投入他们的资金。

现值观念实则是货币时间价值理念的首要应用。目前拥有的1元货币，其经济效益大于将来某个时间点的1元货币，而不同时间的货币价值并不能直接做数值运算，需要先折算。一般来说，这种折算需要将不一样的时间点的货币价值折算为"现时"的价值，这才能进行计算或对比。这个将各时间点的货币价值折算为"现时"的价值的步骤被称为"折现"，适用于折现步骤中的比例被称为"折现率"，折现后的货币价值被称为"现值"。在财务评估中，现值被广泛用来衡量资产的价值。

"先入后出"的理念是货币的时间价值原则的另一重要应用。在没有利息支持的货币收支方面，没有比及早收取更好的方法，也没有比推迟支付更好的选择。掌握在手中的资金能够立刻满足消费需求，无须等待未来才能使用，也能进行投资赚取收益，不会影响其原有价值，还可以应对一些突如其来的支付需求。因此，遵循"先入后出"的策略对于经济上来说是有益的。

第四节　企业财务管理环境

财务管理环境或称理财环境，是一个对公司财务行为和决策产生影响的总体状况，这个环境能在内部以及外部对企业的理财活动产生制约。这类环境要素涵盖了内部的技术、生产、方式、管理和文化等，还包括政治、市场、经济和法律等外部因素。值得注意的是，这些影响因素会随着时间、地点和行业的不同呈现出差异。如果企业希望成功落实理财策略，那就必须深入了解财务管理环境。只有采取与环境相吻合的理财策略，企业才能在这个充满竞争的世界中保持生机和持续发展。

一、财务管理的内部环境

财务管理内部环境，又称企业微观财务管理环境，主要是指那些在企业内，对企业财务管理产生重大影响的因素。这些因素包括了企业自身的属性、所从事的业务领域、所生产和营运的规模、技术实力、生产状况、原材料供应和销售产品的情况、管理能力和员工的潜力等微观因素。

根据企业的性质不同，财务管理的权责分配也会有所不同，这会对其财务运作产生不同程度的影响。各行各业的公司，其产品或服务的差异，会导致其对资本的需求以及管理方式存在各种差异。企业规模的大小在一定程度上可以反映其经济实力。大公司拥有雄厚的资金实力，因此在大投资项目以及长期的股权或债权投资上更为积极，并且有更强的商业信用获取能力。然而，中小型公司的经济实力相对较弱，更偏向于将资金用于公司内部生产活动，主要涉及的是小型投资项目，获取商业信用和银行贷款的难度相对较大。随着科技的快速发展，新技术和新产品的推出逐步成了企业发展的核心竞争力，企业的技术实力和水平在很大程度上影响了投资项目的竞争性和盈利能力，也影响了企业的筹资能力。企业的生产状况也会对财务管理产生影响。对于科技密集型企业，他们拥有大量先进设备，固定资产占比较高，需要进行更多的长期筹资，而劳动密集型企业因为需要更多的劳动力，固定资产相对较少，长期资金需求较少。此外，企业产品的生命周期长短会决定财务管理的侧重点。最后，企业的销售状况及内部管理的能力，在很大程度上都会影响企业的财务管理。

二、财务管理的外部环境

财务管理的外部环境也称宏观财务管理环境，是指对企业财务状况有所影响的外部元素。它不仅为企业财务管理创造了存在所需条件，也是在制定财务策略时，无法避免的外在影响因素。财务管理的外部环境包括法律、经济、税务、社会文化、自然资源环境、宏观经济状况等，构成财务管理所需基本条件的就是这些外部环境。倘若没有一个优良的外部环境，企业针对财务的各种管理功能便无法充分应用并发挥其效用。另外，外部环境也在一直经历持续的变动，而这取决于政策、法律、文化、管理制度在不同时间段内的变化。只有深入了解并掌握外部环境的变动趋势，才能准确地为企业制定发展战略，推进企业的顺利发展，并规避对企业的负面影响，避免损失。

（一）金融市场环境

金融市场可被理解为通过各种信贷方式允许资本供应方和需求方进行交易的平台。金融市场是与企业财务管理有最紧密联系的外部环境，主要体现在：金融市场为企业提供了筹资和投资的平台。当一个企业需要财务支持时，它可以在这个市场中寻找适应其需求的筹资方法，比如申请银行融资、金融租赁、发行股票和债权。当公司有多余的资金时，就可以灵活选择投资渠道，比如在银行存款、购买债券或者购入股票等，将资金用于有价值的地方。

在金融市场的运作下，企业有能力灵活控制和调整资本。金融市场提供了多元的融资方式，允许企业自由地将资本进行形态转换，包括从长期资本转为短期资本，从一区域的资本转为其他区域的资本，以及从大额资本转为小额资本，等等，并且在任何时候都能进行。比如公司可以随时将手中的流通债券卖出，使其变成短期资金；远期票据也可以通过贴现而变现；大额的可转让定期存单也能在金融市场上售出，转变为短期资金。同时，短期资金可以在金融市场上变为如股票、债券等长期资产。

金融市场能够提供对企业财务管理有益的信息，包括利率的动态反映了资金的供应和需求；证券的市场价格的波动则展示了投资者对企业运营和盈利情况的实际评估。这些信息是企业的经营决策、投资和筹资的关键依据。

1. 金融市场的组成要素

市场参与者、金融工具以及市场机制共同构建了金融市场。

（1）市场参与者

经济实体也就是市场参与者或市场主体，包括那些参与金融交易活动的公司、个人及金融中介机构等。

在金融界，银行和非银金融机构充当了筹资和投资双方的金融媒介，扮演着桥梁的角色。我国的银行业是由中国人民银行、政策银行以及商业银行等组成的。其中中国人民银行作为我国的中央银行，负责引导货币政策，并管理国库及相关业务。政策银行是政府设立的，担任的任务是执行国家产业政策和地方发展政策，不是以追逐利润为首要目标，而商业银行则主营存款、贷款、转账结算等业务，以盈利为主要经营目标。非银行金融机构涵盖了保险公司、信托投资公司、证券公司、财务公司，以及金融租赁公司等。

（2）金融工具

金融工具，就是在金融市场上可以买卖的项目，种类极其丰富，包括货币、各种债权凭证、股权及基于信用的证件等各种金融资产。其中债权凭证可能是政府出具的债务证券，也可能是公司的债务证券，甚至是商业银行发布的可转换储蓄凭证。股权包括常规股和优先股，信用凭证则涵盖了票据、贷款协议，抵押契约等。

（3）市场机制

金融市场的运行原理主要包括了组织形式、交易及管理方式。在组织形式上，主要有交易所和柜台交易两种方式。交易主要有现货交易、期货交易、期权交易和信用交易等方式，而在管理方式上，主要是利用管理机构的日常操作、中央银行的间接干预和国家的法律法规进行指导和管理。

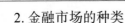

2. 金融市场的种类

金融市场作为一个由众多层次的子市场组成的市场体系，可以从多种视角进行划分。

（1）依据交易期限的不同，金融市场可以分为短期资金市场和长期资金市场。所谓短期资金市场，即货币市场，主要承担一年以内的短期资金交易，包括同业拆借市场、票据市场、大额定期存单市场和短期债券市场等，通常作为满足企业短期融资需求的平台。另外，如果其交易期限超过一年，那么这就构成了长期资金市场，涵盖长期信贷市场和长期证券（股票和债券）市场等，主要用于满足企业长期资金需求，进行长期的资本流通。

（2）按照交易清算的时间，金融领域可以分为现货市场和期货市场。现货市场指的是，在双方签署交易合约后，购买方需立刻或在约定的短时间内支付货款，从卖方手中接收证券的交易市场。期货市场的定义是在买卖双方达成交易后，交割期会确定在事先规定的未来某一特定日子的交易平台。

（3）按照交易属性，金融市场可以分为初级市场和二级市场。初级市场是指金融产品如证券和票据首次交易的平台，也被称为一级市场或初始发行市场。相较之下，二级市场则是已经发行和上市的各种金融产品的交易所，即常说的次级市场或流动性市场。

（4）根据交易的具体内容，金融市场可划分为资本市场、外汇市场和黄金市场三个主要部分。在这些市场中，资本市场的交易主要集中在货币和证券上，比如同业拆借市场、国债市场、企业债券市场、股票市场及金融期货市场等。外汇市场交易各种外汇信用工具，而黄金市场主要做的是黄金买卖和兑换的集中交易。

3. 利息率

通常称为利率的利息率，是用来计算资金增长的基本指标，也是资金增值和投资者的资金价值的比率。从资本运作的视角看，利率实质上是使用资金的费用。利率的主要确定因素是货币的供应和需求以及社会平均盈利水平，但是也会受到各类风险因素的作用。一般来说，利率可以用下式表示：利率＝纯利率＋通货膨胀附加率＋违约风险附加率＋流动性风险附加率＋到期风险附加率。

（1）纯利率

在没有风险和通货膨胀的条件下，纯利率即社会平均收益率。在通胀不存在的情况下，国债利率可以视为纯利率。纯利率受到平均收益率、资金的供给与需求及政府的宏观经济政策的影响。

（2）通货膨胀附加率

可将通胀附加率理解为通胀补偿率，其产生的根源在于，在连续的通货膨胀环境里，货币的真实购买力逐步下降，进而需要通过提高利率来补偿这种购买力的减弱。普遍的观点是，政府公布的短期国债利率由纯利率和通货膨胀附加率两部分构建而成。

（3）违约风险附加率

违约风险附加率也被称为违约风险报酬率，是债权人为弥补债务人未能及时偿付本金和利息带来的风险而提高的利率。公司的信誉等级决定了违约风险的大小，等级划分为多个级别，级别越高，信誉就越高，违约风险就越小，相应的利率也就越低；相反，利率就会提高。一般来说，违约风险附加率是以同等到期日、变现力和其他特性的国债和公司债券之间的利率差衡量的。

（4）流动性风险附加率

所谓的流动性风险附加率或者流动性风险回报率，就是债权人为了弥补债务人资产流动性较糟糕导致的风险所要求的额外利息。资产的流动性是它能被迅速兑现成现金的概率。如果某项资产能迅速兑现为现金，它的变现能力就非常好，表明其流动性强，并且流动性风险较小。反之，流动性风险就会增加。一般而言，政府和大型企业发行的债券信用度高，能迅速变现，广受投资者喜爱，流动性极稳，因此利率一般较低。而中等或者小型企业发行的债券，由于其流动性不足，流动性风险大，贷款利率就会相对较高。

（5）到期风险附加率

到期附加率，也被称为到期风险报酬率，是以增高的利率来补偿债务偿还期限过长带来的风险，这是债权方的要求。由还款期限的不同导致的风险可视作到期风险。债务的到期日越长，债权方面对的不确定因素也就越多，使到期风险增大，所以债权方会要求更高的到期风险附加率。

将违约风险的附加率、流动性风险的附加率和到期风险的附加率相加，得到的结果就是风险报酬率。

（二）宏观经济环境

宏观经济环境指的是企业开展财务业务的宏观经济状态，主要涵盖了经济

周期、经济发展水平、经济政策、通货膨胀，也包括市场的竞争格局、金融市场形势、产品市场状况等。

1. 经济周期

在市场经济下，经济增长有其固有的规则。无论选择何种管理策略，经济总会不断出现明显的强弱波动，并且呈现出从兴盛、衰落、低迷、复兴再到兴盛的循环特征。企业理财受经济周期的影响颇大，经济的周期性波动首先影响的是企业的销售额。当销售下滑，存货积压没有转化为现金时，将阻碍企业资金的流转，需要动员资金以保持业务运作。同理，销售提高可能会引起企业运营失衡，比如货源短缺，需要募集资金来扩展经营规模。尽管政府一直致力于降低不利经济波动，但实际上，经济有时会"过热"，需要作出一些调整。因此，财务管理需要对这样的波动做好应对，筹备和分配足额的资金来调节生产运作。

2. 经济发展水平

一般来说，企业的财务管理水平和所在国家的经济现状有密切的关系。只有在经济环境更佳的情况下，财务管理的质量才能提升。自我国实行改革开放政策以来，我国经济一直稳定、迅速和持续增长，为企业在扩展业务、挖掘市场和拓宽财务活动的过程中提供了众多的可能性。但是，经济的快速发展可能会导致企业对资金的需求量加大，进而引发资金不足等问题，对企业的财务管理造成了极大的考验。当前，我国经济正在走向新常态，如何结合实际分析企业所处的经济环境，并积极找出符合经济环境的财务管理策略，以便把握机遇、迎接挑战，成为我国企业在进行财务管理时需要优先考虑的问题。

3. 通货膨胀

当物价持续攀升到一定程度时，就出现了通货膨胀的现象，这将使货币的价值下降，购买力也会随之减小。通货膨胀对消费者的损害只是冰山一角，对企业的财务状况造成的威胁尤为明显，若是大规模的通货膨胀，会使利率上涨，从而增加企业筹措资金的成本，资金筹集变得困难，也会使企业的盈利虚增，导致资金的流失。为了抵御通货膨胀带来的不良效应，企业必须提前做好预防，做好保值套期、实施严谨的信用政策、提前购买设备和现货、买进现货同时卖出期货等措施。

4. 经济政策

通过财务策略、行业政策、金融方针及经济建设规划等多元经济政策，国家调控了宏观经济，这对企业的资金募集、投资行为、经营模式和收益分配等方面带来了长远的影响。比如政府对某一特定地域、特定产业、特定经济作为的优惠方案，可以改变企业的投资方向和投资量以及资本配置。另外，定价政策也会对企业的资本投向、投资收益和预期收入产生影响。

所以，企业在进行财务管理时，有必要深入了解并认真研究国家的经济政策。鉴于政府政策可能随着经济环境的转变进行调整，企业在做出财务决策时需要预留适应这种变化的空间，乃至预测其改变的走向。

5.市场竞争状况

在市场经济中，企业是主要的竞争者，它们的存续和发展与市场紧密相连。企业在市场经济之中难逃竞争，这是所有企业都不得不面对的现实。企业的角逐涵盖了设备、技术、人才、推销、管理等方向。市场竞争环境可划分为完全竞争、不完全竞争、寡头垄断竞争、完全垄断竞争等类型。在不同的市场环境中，竞争对企业财务管理的影响各异。与其他环境相比，大量企业处于不完全竞争环境和寡头垄断环境中，因此，企业需要增加对产品研发的投入，提高产品的质量和功能，打造品牌的影响力，做好售后服务。竞争对财务管理的影响是"双刃剑"，一方面它可以推动企业引进先进设备与技术，加强经营与财务管理，以提升企业盈利；另一方面，过度竞争可能会使企业陷入资金窘迫，面对许多问题。

第五节 企业财务管理体制

企业财务管理体制旨在设定各级财务职能的权力、责任和利益，其主要问题在于如何分配财务管理权利。企业的财务管理机制对财务管理的操作模式和执行方案起决定作用。

一、企业财务管理体制的一般模式

总的来说，企业的财务管理体制可以分为三类。

（一）"集权型"财务管理体制

"集权型"的财务管理体制就是指，在这种框架下，企业对其下属单位的所有财务管理进行统一规划，并不授予所属单位财务决策权。总公司的财务部门不仅参与这些决策的制定，在某些特定的情况下，他们还会直接参与到所属单位决策的执行流程中。

在使用"集权型"财务管理机制时，各部门的主要权力都被赋予企业总部，所有的子公司和部门都必须遵守本部的所有规则。这种模式的好处是：企业的全部决策都由本部负责筹划和实施，使企业的管理更得一致和集中，借助企业的人才、知识和信息资源，致力于缩减资产成本和风险损失，加强了决策的一致性和规范性。运用集权型财务管理机制，有利于在企业内部达到资源配置的最佳化，有助于进行内部调价，在避税和汇率风险的预防方面也有其优点。但是，这种模式也有一些弊端，过度的"集权"可能导致各个子公司或部门缺乏积极性和主动性，可能因此而失去动力，决策过程的复杂性也可能导致失去适应市场变动的能力，从而错失市场机会。

（二）分权型财务管理体制

分权型财务管理体制即企业把财务决策和管理全权给予其下属各单位，而这些单位只需将某些决策结果提交给总部备查。

在权力下放的财务管理模式中，管理权被赋予各个部门，这些部门在诸如人力、财力、物力、供应、生产、销售等方面拥有决策权。其优势在于各部门的负责人能够对影响经营结果的因素实施控制，利用他们对基层情况的熟知，可以针对所在部门的问题做出及时的有效决策。这不仅有利于因地制宜地开展业务，也有助于分担经营风险，推动部门的管理人员和财务人员的成长。然而，其缺点在于大部分部门都会基于自己的利益进行财务活动，这可能使他们缺乏全局观念和共同意识，致使资金管理混乱、资金成本增大、费用无法控制、利润分配失序等问题频发。

（三）"集权"与分权相结合型财务管理体制

这种财务管理机制融合了集权和分权的元素，基本上是在"集中权力"后再分配。企业在重大问题的决策和处理上对所属单位保持严格的集中管理，而所属单位在日常运营时则有较大的自主权。财务管理体制的"集权"与分权融合模式的目的旨在把企业的发展策略和经营目标作为中心，把重要的决策权集中在企业的总部，同时授权各个下属单位进行独立经营。它的主要特性如下。

第一，从制度层面来看，企业内部需要建立一套统一的管理规章，清晰地规定财务权力及收益的分配方式，所有所属单位必须执行，并根据其自身的特性进行适当补充。

第二，在经营方面，应充分运用企业的各种优势，将一部分"权力"进行集中化的管理。

第三，在管理中，最大限度地挖掘每个下属部门的生产经营活力。每个下属部门可围绕企业的发展策略和经营目标，在遵循企业统一规定的同时，有权自我决定生产经营的各项决策。为了防止配合失误和明确职责，所有需要由总部确定的事宜，应在规定的时间内给予清晰的回应。若无明确回复，下属部门有权自我处理。

"集权"与分权相结合的财务管理体制汲取了两者各自的长处，同时规避了各自的不足，因此拥有显著的优势。

二、企业财务管理体制的设计原则

如何挑选出适合自家需求的财务管理机制，及如何在各个发展过程中创新财务管理模式，这在企业管理中具有举足轻重的地位。站在企业的视角，财务管理机制的建立或修改应该遵从以下四项原则。

（一）与现代企业制度要求相适应的原则

现代企业架构是一种基于产权的体系，其职能是根据产权围绕各个经济参与者的权利、责任和义务进行合理且有效的组织和调适。该体系的特点是产权识别明确，责任清晰具体，政企边界分明，以及运营管理科学化。

管理企业内部关系的框架应建立在产权制度上。企业作为每一个下属单位的股东，根据产权分配获得最高股东的基本待遇，尤其是在下属单位的盈利、选拔管理人员及做出重大决策的权益等方面。然而，企业的各个下属单位并非企业的分支或者子公司，他们的运营权力是遵循民事责任制度的基本安全保障，他们必须对自己的经营活动和资产的盈亏负责。企业和其各下属单位之间的产权关系说明了两个独立主体的存在，这是现代企业制度，尤其是现代产权制度的核心要求。在西方国家，在处理总公司与子公司的关系时，法律明确规定要保障子公司的权益，该制度安排大致如下：一、规定董事的诚实义务和法律责任，以便保护子公司；二、保证子公司不会受到总公司不公平待遇的损害，以此来维护子公司的权益；三、规定子公司有权向总公司提起法律诉讼，保护其自身权益。

基于现代企业体系的规定，企业的财务管理体制必须把产权管理作为核心，把财务管理作为关键线索，把财务制度作为基础，以展示现代企业体系以及现代企业产权体系管理的理念。

（二）应当分别承担决策、执行和监督的职责的原则

为了将现代企业的管理科学化，必须首先确保决策和管理流程的科学性和民主性，这就表明了决策权、执行权和监督权三者之间的独立制度是不可或缺的。这个管理原则的主旨在于提高决策的科学性和民主性，强化决策执行的坚决性和可评判性，增加监督的独立性和公正性，从而建立一个良好的管理循环。

（三）确立财务一体化管理和分级管理理念的原则

现代企业制度认为，落实全方位和策略性的管理是必要的，因此，财务管理不能只被限定在总部财务部门或者子公司财务部门，反之，应该是具有策略性的管理。这样的要求涵盖：从整体上把握企业的财务战略定位；统一并规范化财务管理行为，确保下属运营部门能够完全执行上层的决策；实行制度化管理，非个人化管理，以保障企业管理的连续性；借助于现代企业财务层级管理的思想，指导具体的管理实践，比如股东大会、董事会、管理人员、财务经理及财务部门各自的管理任务和管理体系。

（四）与企业组织体制相对应的原则

通常，企业的组织架构可归纳为三类：U型、H型和M型。U型组织主要用于产品线单一且规模较小的企业，采用的是自顶向下的集中管理方式。H型组织实际上是一种企业集团的组织构架，在其中的子公司有其独立的法人资格，分公司则相对独立，是个独立的利益实体。然而，这种类型在不断增长的竞争压力下，无法全面展示出长期盈利和整体活力，其在大型公司中的主导地位，在20世纪70年代后已被M型组织替代。M型组织由三个部分组成，它们既相对独立又相互联系。第一部分是由董事会和管理团队组成的总部，也就是公司的最高决策层。它既不直接参与下属单位的日常管理，也不像H型仅仅是象征性的存在，而是主要负责战略规划和关系调整；第二部分由各职能部门和支持、服务部门组成，比如负责提供公司运营策略选择和相关配套政策的规

划部，以及负责资金筹集、运营和税务安排的财务部等；第三部分是由企业的主要或核心业务组成的各下属单位，每个单位本身亦是一个 U 型组织。毫无疑问，M 型组织在权力方面较为集中，强调整体的优化，并拥有出色的战略研究、实行能力及卓越的内部处理关系的能力。在全球大型企业的管理制度中，它是主导的模式。事业部制、矩阵制及多维结构等是 M 型组织在各种形式中的具体体现。在 M 型组织里，在下放业务管理的权力的同时，应更多地提升财务部的职责功能。

实际上，在大部分的西方控股公司中，当总部并未对子公司的运营进行过多干涉时，其财务部门的职责显得尤其关键，主要负责指导资本的运作。有研究数据指出，英国控股公司中，财务部门的员工数量占据管理总部员工总数的60%~70%，并且执行财务工作的副总裁担任着公司的核心职责。他一方面如同母子公司的"财务外交官"，负责处理对外的财务业务；另一方面，他也是所有子公司的财务主管，各子公司的财务经理是"财务外交官"的指派人员，代表"财务外交官"在当地表达意见和立场。

三、"集权"和分权相结合型财务管理体制的一般内容

我国企业的实践经验表明，企业总部在"集权"与分权并重的财务管理体制中，应承担起制度一致性、资金集中性、信息整合及人员派遣等核心职责。其主要包含集中化管理若干权力，比如制度制定、筹集与融通资金、投资、资金使用与担保、固定资产购买及财务机构构建，还有收益分配等。而在分权方面，企业应赋予经营自主权、人力资源管理权及业务定价与费用审批的权力。

（一）集中制度制定权

依照国家法律以及包含了企业会计准则和《企业财务通则》在内的规章制度，企业总部基于自身的发展策略、管理需要和现实情境，建立了一个一致的财务管理体系，这套系统在整个企业中均被执行着。所有的分支机构都有权执行这套制度，不过，他们并未设定和阐释该制度的权限，而分支机构可以根据自己的需求设立具体的执行方式和增补条款。

（二）集中筹资、融资权

在企业的金融活动中，筹资行为起着最先发制人的作用。企业必须将内部

集资的风险和成本降到最低，这需要由企业总部机构统筹掌控，下级单位只需负责还清所借资金。进行银行贷款时，企业总部可以负责完成贷款额度申请，下属单位可以分别进行贷款操作，并按照规定自主支付利息。在发行短期商业票据时，总部需对资金使用情况进行整体把控，以确保在票据到期前有足够储备，防止票据无法兑现造成企业声誉受损。如果是利用海外公司筹集外资，应由企业总部统一执行，按照当前国家政策完成相关程序，同时需审阅贷款合同条款，关注汇率和利率的变动，以避免可能的损失。

企业总部需要对各下级单位的资金运用情况进行监管，具体方式是让各单位定期提交"经费流量表"，通过这种方式实时了解各单位资金的进出情况并评估其资金储备的合理性。在一些单位的资金滞留、利用困难，而其他单位急需资金的情况下，总部可以进行资金调配，但这会产生利息。企业严格禁止下属单位之间进行贷款行为，如果需要超出规定范围的临时资金调配，必须申请总部批准。

（三）集中投资权

五个核心的对外投资原则，即盈利性、风险多元化、安全保障、全局性思考及合理性，是所有企业以及其所属单位都应严格遵守的。每个单位在实施对外投资活动时，都必须经过项目立项、可行性研究、评估审定及最后的决策等关键步骤。这个过程不仅需专业人员的参与，也必须有财务人员的协助。财务专员需与专业人员联手对市场进行深度探究，对投资项目进行有效性思考，预测未来一段时间的市场趋势、风险可能及对项目的建设周期、投资回收周期、投资收益率等相关事宜进行深入分析，然后编制成可行性研究报告，并最终呈现给相关领导。

为确保投资回报增加以及投资风险的分散和降低，企业对外投资可以实行额度管理，超出限额的投资决定权归属于企业总部。一旦投资项目经过确认和批准，财务部需要协助相关部门对其进行持续监控，对于偏离原计划的差异，应迅速通报相关部门进行修正；对于无法实现预期收益的项目，应立即进行处理，同时对相关责任人进行追责。企业同时需优化投资管理，根据企业特性，形成一套实用的财务检查指标体系，以规避财务风险。

（四）集中用资、担保权

企业总部需要增强对资金使用安全的管理，并对大额资金的分配进行严密的监控，设立审批流程，并确保其得到执行。这是因为各所属单位的财务状态影响着企业投入资本的保值增值情况，同时各所属单位由于资金困扰可能会导致其盈利能力下滑，从而影响企业的投资收益率。所以各所属单位需要在经营计划的范围内使用资金，而用于资本项目的资金支付则需要按照企业规定的审批程序来进行。

内部对外担保的权力，应由企业总部统一掌控，未经许可，下属各单位均无权对外部公司进行担保。如果内部单位之间需要相互担保，必须得到总部的许可。同时，企业总部为下属单位提供担保时，应有一套相应的审批流程，允许各单位与银行达成贷款协议。总部在为各单位担保贷款的同时，要求各单位向总部提供"反担保"以确保资金被合理使用和准时还款，这样才能对贷款进行有效监控。同样地，对于企业来说，对那些逾期未收取的货款，应当有严格的规定，要指定负责人去进行统一管理，积极收回。谁经手，谁批准，就应该由谁去追回货款。

（五）集中固定资产购置权

所属单位在需购买固定资产时，必须提供充分的理由并提交申请，待企业总部核准后才能购买，所属单位的资金均禁止用于资本支出。

（六）集中财务机构设置权

所有下属部门的财务机构的设立需要得到总部的认可，财务工作人员的招聘需由总部一手运作，财务负责人或者财务主管人员的指派也需要由总部全权负责。

（七）集中收益分配权

各所属单位需按照统一的利润分配规则进行，其财务情况和经营成果必须予以公正、精确及时地反映。各所属单位的利润分配应依照法规进行，剩余部分在企业总部结合长效与短效利益之后决定分配比例。大致上，各所属单位可以自由对留存利润进行分配，但必须得到企业总部的备案许可。

（八）分散经营自主权

各部门的领导负责掌控本部门的生产营运管理任务，策划和执行年度的业务计划，制订生产和销售计划，研究和思考市场环境，理解和关注行业内其他公司的运营状况和策略行动，并在规定的时间内向企业总部反馈生产管理的情况。若突发重大事件，必须立即报告企业总部。

（九）分散人员管理权

各所属单位的负责人具有任命或解雇下级管理人员的权限，也有权力对员工的雇佣与解聘作出决定。企业总部基本上不应插手，但对于财务主要负责人的任免必须经过总部的审核或由总部统一指派。

（十）分散业务定价权

每个所属单位管理的业务都各有特色，所以，定价应由各所属单位的经营部门独立决策，但必须遵循促进资金有效流动、保证运营品质、增加经济收益的原则。

（十一）分散费用开支审批权

在运营过程中，各所属单位必定会产生各类开销，无须企业总部进行集中控制。在遵循财务规定的基础上，由各所属单位的负责人负责审核各种用于企业经营管理的合理费用。

第六章　企业财务管理的基本分类

第一节　筹资管理及方式

在应对生产、经营、对外投资乃至资本结构调整等方面的需要时，企业会通过金融市场和各种筹资途径，采取有效与合理的方式筹措和获取资本，这就是所谓企业筹资。通常我们所说的筹资主要指的是长期资金的募集，短期资金则会被当为营运资金进行管理。对于不同的资金来源，企业会实施配套的筹资策略。

一、企业筹资的动机

企业获取资金的主要目的在于其生存和发展。在连续的生存和发展过程中，常由特定的融资动因驱动其具体的融资行为。企业融资的动因是各式各样的。比如为采购设备、引入新的技术及研发新产品而融资；为海外投资、收购其他公司而融资；为现金流通和调控而融资；为偿还债务和调整财务结构而融资；等等。总的来说，企业融资的动因可分为三种类型。

（一）扩张性筹资动机

扩张性筹资的动机是企业为了加大生产运营的规模或增加外部投资带来的需要额外筹资的原因。比如新产品的开发、建设新工厂、采购设施、市场的拓宽，还有证券的购买，这些都可能需要额外筹资。产生于扩张性筹资动机的直接影响是，企业的债务和持有者权益的总数都得到增长。

（二）调整性筹资动机

企业的调整性筹资动机主要源于对现行资本配置的改革需求。简单来说，资本配置是指企业各类以资金筹备的成分和比例。企业的资本构成是由多种资

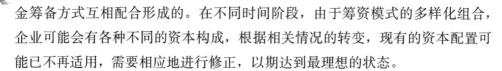

金筹备方式互相配合形成的。在不同时间阶段，由于筹资模式的多样化组合，企业可能会有各种不同的资本构成，根据相关情况的转变，现有的资本配置可能已不再适用，需要相应地进行修正，以期达到最理想的状态。

（三）混合性筹资动机

投资生产经营和对外投资及偿还债务的双重目的构成了混合性筹资动机，也就是上述两种筹资目的的结合。由这类筹款动机引发的筹款活动，不仅提高了企业的债务和所有者的总权益，还调节了权益的各种比例。

二、企业筹资的基本原则

筹资对于企业来说是一项重要的财务活动，这是企业为了扩大生产经营规模，调整资本布局而必须进行的步骤。

（一）合法性原则

企业的资金筹集活动，对社会资源和物质的分布和流动有决定性影响，其中涵盖有关的经济利益。因此，这要求遵守国家的相关法规，依法行使职责，保护所有利益方的合法权益，防止非法筹资活动导致企业及其关联方受损。

（二）效益性原则

在财务利润方面，企业需在融资和投资之间进行权衡。企业的投资行为是一个关键要素，它决定了企业是否需要融资。投资收益与资本投入的比较决定了是否需要额外融资，一旦承担了某个投资项目，投资规模便会决定需要融资的规模。因此，在企业的融资活动中，既需要深度研究投资机遇，把握投资收益，不能忽视投资收益而盲目融资。同时应深入研究和比较各种融资手段，寻找最佳的融资结构，以降低资本支出，有效地筹集所需资金。

（三）合理性原则

在进行筹资活动的过程中，企业首先需要科学地确定所需筹款的数量，无论使用哪种渠道或方式。这个筹资的数量必须设定在一个合适的范围内，以保证筹资和投资的数量处于平衡状态，避免筹资不足引发的投资活动受阻，或者筹资过多导致收益下降的问题。此外，公司在筹资过程中需要合理地设定资本结构，包括以下两个关键部分：一是合理确定股本和债本的比例，也就是要合

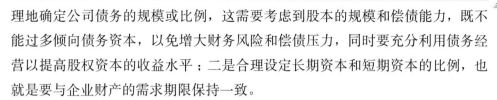

理地确定公司债务的规模或比例，这需要考虑到股本的规模和偿债能力，既不能过多倾向债务资本，以免增大财务风险和偿债压力，同时要充分利用债务经营以提高股权资本的收益水平；二是合理设定长期资本和短期资本的比例，也就是要与企业财产的需求期限保持一致。

（四）及时性原则

在筹资上，企业须根据资本的投入时间表进行规划，以便能够及时地获取资本，实现在时间表上的筹资与投资的对接。通常企业投资都会有时间的要求，特别是在进行证券投资时，时间的要求显得尤为重要。因此，在筹资的过程中，必须要考虑到这些，避免资源闲置或者错失良好投资机会。

三、企业筹资的渠道与方式

企业在筹集资金时必须通过一定的筹资途径，并且实施具体的筹资策略。每种筹资途径和筹资策略都具有其独特性和适用性，因此必须对其进行深入的研究和分析。筹资途径和筹资策略既相互关联又有所区别，同一个筹资途径的资金可以通过不同的筹资策略获取，而同一个筹资策略也可以从不同的筹资途径获取资金。

（一）企业筹资渠道

将企业筹资渠道定义为企业寻求资金来源的途径和方法，这揭示了资金的来源和流向。筹资途径的主要依靠是社会资本提供者及其数量分布。目前，我国的社会资本提供者数量众多，且遍布全国，为企业寻找资金提供了丰富的机会。深入理解企业筹资渠道的种类以及其特性和应用性，能帮助企业有效地开发和运用筹资渠道，提高筹集资金的效率。企业的资金筹集渠道可以概括为以下几种。

1. 政府财政资本

作为国有企业的主要融资途径，通常仅供国有企业使用，其特点在于政策性强。如今的国有企业，包括全资国有公司，都是依靠政府通过财政部门的拨款投入来获得大部分融资。政府财政资本不仅拥有丰富的资源，而且基础坚实，它也被规划在国有企业的资本预算中，预计在未来将仍然是国有企业的主要融资途径。

2. 银行借贷资本

此类资金构成了多数企业募集资本的核心途径。银行主要分为商业银行和政策性银行两大类。在中国，主要的商业银行包括中国农业银行、中国工商银行、中国建设银行、中国银行及交通银行等。政策银行则主要有国家开发银行、中国进出口银行及中国农业发展银行。商业银行有能力向各类企业提供多种商业贷款，而接受政策贷款的银行主要针对某些特定企业。作为银行借贷资金，其主要的资金来源是居民频繁的储蓄和机构存款，它拥有多样的贷款方式，能满足各类企业筹资的债权资本需求。

3. 非银行金融机构资本

非银行金融机构这同样可作为部分企业的融资渠道。这些非银行金融机构，也就是银行以外的金融机构及中介，主要包括租赁公司、保险公司、企业集团的财务公司及信托投资公司、证券公司等。他们中的一些利用集结社会资金来实现融资目标；另一些则是通过担保证券、提供信托服务，为各种企业直接筹措资金或担保证券发行的承销信托服务。尽管这种融资方式的经济能力不如银行，但其发展潜力是无比巨大的。

4. 其他法人资本

在特定情况下，不同类别的法人的资金有时也能为企业提供募资路径。在我国，法人群体涵盖了企业法人、公益法人及社团法人等。在他们的日常资本操作转变过程中，可能会偶然产生部分暂时闲置的资金，为了优化这些资金的使用并获得利益，他们往往需要进行相互借贷，从而为需要募集资金的企业开辟了一条途径。

5. 民间资本

私人投资能够直接为企业提供资金来源。中国的公司、机构的员工和广大城乡居民拥有大量的货币资产，他们可以直接对一些企业投资，从而为这些企业的筹资提供资金来源。

6. 内部资本

这种资本主要是企业通过积攒剩余盈利和留存未分派的利润所积累的。此为企业的内部资金筹集方式，相对便利，大部分有盈利的企业都会充分利用这一手段。

（二）企业筹资方式

企业筹措资金的方式是其集资的形式和工具揭示了资本的特性和期限，在这里资本的性质可以划分为股权和债权。企业的筹资手段受其资本构成和金融工具的使用水平的约束。目前，我国企业的融资方式富有变化，金融工具得到了广泛的使用，给企业筹资带来了有利的条件。知晓企业筹资方式的分类、特性和适用范围，有助于企业有效挖掘和使用多种筹资方式，整合各种筹资方式，可以有效集资。按照资金的特性，企业的长期筹资可划分为股本筹资、负债筹资及复合筹资。

1. 通过设定股份权益来筹集资金

这种方式形成了企业的股权结构，也可称为企业的财富性募集资金，是为企业合法获取并长期拥有及自由利用的资源。在我国，这种企业的股权结构的构建通常是通过政府财政资源、其他企业资源、个人资源、企业内部资源及国外和香港、澳门、台湾地区的资源等获取，主要包括直接接收投资、发行股票以募集资金及持续获利作为筹集资金的三种方式。

（1）直接接受投资

对企业而言，接受直接投资就是以合约的形式从政府、实体、个体获取直接投入的资金，此种策略构成了企业筹集投资资金的一种途径。这种筹备资金的方式并不通过股票进行，所以对非股份公司十分适宜，成为非股份制公司获取股权投资的首要路径。

（2）凭借股票发售来集资

该方法依据公司法规，股份制公司能直接通过销售股票来筹集资金，进而成为构建公司股本的一种策略。在此策略中，股票扮演了中介的角色，仅用于股份有限公司，作为他们获得股本资金的主要手段。

（3）保留利润融资

保留利润融资指的是企业把保留的利润变成投资的过程，保留企业运营实现的净收益在企业内部，而非作为股息派发给股东，它本质上就是原来的股东向企业追加投资。

2. 债务融资

债务融资又被叫作负债资本，是指企业合法获得和利用的一部分资金，这部分资金需要在规定的时间里偿付。其主要获取方式包括从长期借贷中筹措、发行债券和租赁融资。

（1）筹集长期贷款资金

筹集长期贷款资金是指各类型的企业依据借贷合约从银行或其他金融机构

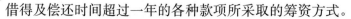

借得及偿还时间超过一年的各种款项所采取的筹资方式。

（2）发行债券进行筹资

发行债券是指企业根据债券发行协议，通过卖出债券直接筹得资金，这是构建企业债券资本的一种途径。在我国，如股份制公司、国有独资企业等各种企业都有权利采取发行债券的方式，合法售出企业债券，获取大量的长期债券资本。

（3）融资租赁筹资

在这个模式中，租赁者根据租户选定的供应方和租赁产品，从供应方购买租赁产品并交给租户使用。在合约规定的时间内，租户需逐期支付租金。

3.组合筹资方式

组合筹资方式是一种同时具备权益型筹资和债务型筹资两种性质的筹资方式，主要涉及发行优先股、发行可转换债券及发行股权认购证这三种筹资方法。

（1）通过发布优先股来筹集资金

从筹款企业的视角来看，优先股股权是企业的股权资本的一部分，但其股息与债券利息相似，通常是固定的，因此优先股的融资被视为混合融资。

（2）执行可转换债券的筹资

在债券所有人转化为发行公司股票前，这被视为一种债务筹资，但是当债券所有人转化为发行公司股票后，它就变成了股权筹资。因此，采用可转换债券的筹资方式被认为是混合型筹资。

（3）通过认股权证筹资

认股权证一般是指发行者发行的一种特意附有某些条件的有价证券。股票认购归其所有者所有，但在此之前，他们对发行公司既无债权，也无股权，所以这属于混合融资。

第二节　流动资产投资管理

一、现金管理

持有足够的现金对减轻企业财务风险和增强企业资金周转能力有着重要的积极效果，其中的现金包括即时可用的现金、银行存款、银行本票和银行汇票等，它们都算是最具有流动性的资产。

（一）现金管理的目的和内容

了解企业拥有现金的驱动因素，对于明确现金管理的目标与含义是必不可少的。

1. 企业持有现金的动机

以下三个因素主要解释了为什么企业需要持有现金。

（1）付款的驱动因素

付款的驱动因素是指企业需要现金处理常规业务成本。其中包括购买原材料、支付工资、纳税等。尽管在正常情况下，企业也会从营业收益中获得现金，但要做到收支在数额和时间上的平衡仍然困难。

（2）保险性的决定因素

保险性的决定因素是企业为了应对突发事件而必须拥有的现金。企业的日常运营活动会受到价格波动、应收款项不能如期收回等因素的影响，现金流的预测就会变得不易，因此需要准备充足的现金以备不时之需。一般来说，经营风险越高或者销售收入的波动范围越大的企业，他们控制现金流的能力必然越弱，由此，他们需要的用于预防的现金就会越多。

（3）投机的关键要素

这个关键要素涉及企业留存的现金储备，以准备应对股票价格的剧烈波动，并通过进行投机买卖获取利润。预见到利率即将升高，因成本的股票价格可能会暂时下滑，触发投机的关键要素便会鼓励企业暂时不动用现金，直至利率停止上升。而一旦预感到利率有降低的趋势，即意味着需要成本的股票价格可能会上升，企业便有可能将现金投入到这些股票里，从股票价值的提升中获取盈利。

2. 现金管理的目的

现金管理的核心理念是，在保证企业运营生产必需的现金的前提下，降低资金使用，并从暂时未动用的现金中获取最大的利息收益。企业的现金储备没有收益，银行存款的利息率明显低于企业的资金利润率。如果现金的结余过多，可能会降低公司的盈利。反之，如果现金过少，可能会造成现金短缺，进而影响到生产和经营的进行。

3. 现金管理的内容

一是构建现金的收支预算，以精准预测未来所需的现金流。

二是通过特殊的手段来确认理想的现金结余，当企业的实际现金结余与理想的现金结余有出入时，会实施短期金融策略或者是选择偿还负债和投资有价值的证券等策略以实现理想的状态。

三是对每日的现金流入流出进行管控，致力于提升现金的流动速度，以增强现金使用的效益。

（二）现金最佳持有量的确定

虽然现金为最具流动性的财产种类，但它的盈利能力却相当低。过量的现金可能导致企业的盈利减少，但过低的现金又可能造成现金不足，从而对生产和经营产生负面影响。因此，在决定现金余额的问题上，需要兼顾风险和收益。西方的财务管理方式中有许多适用于确定最适合的现金余额的方法，这里针对我国的具体情况，介绍几种最常用的方法。

1. 成本分析模式

对持有现金成本的分析模型，是为了找出能将成本降至最低的现金持有数额。

（1）资金占用费用（机会成本）

作为一个企业占用的一部分资金，现金会产生费用，即资金占用费用。若一个公司的资金占用费用率为 10%，年平均持有现金 50 万元，那么该公司一年的现金占用费用为 5 万元。持有的现金越多，占用的费用也就越高。当公司在运行各种业务时，需要投入一定的资金，必然要承担一定的占用费用，但如果现金储备过多，资金占用费用大幅上升，就变得不经济了。

（2）管理费用

所谓的现金管理费用，就是企业为了管理其现金资产所要付出的费用。比如，搭建企业现金管理的内控体系，制定各类现金收入和支出的规则及执行现金预算的详细程序等，其中包括向负责现金管理的员工支付的薪酬和各类安全预防措施的开支等。

（3）短缺成本

当企业由于资金不足，无法支付必要的业务费用时，所承受的经济损失被称为短缺成本。现金匮乏所引发的短缺成本主要有以下三种。

一是丧失购买能力的成本。主要表现在因财务困扰，企业无法适时采购生产所需原材料等物资，从而无法继续正常的操作流程。尽管付出的这种代价无法精确计算，但一旦出现，对企业的破坏是巨大的。

二是信用损失和折扣成本。由于资金短缺，企业无法做到按时付款，这违背了与供应商之间的信任关系，导致企业声誉和形象受损，这种损失是长期的而且是难以察觉的。如果企业没有足够的现金，在供应商提供的现金折扣期限内无法完成支付，就会失去享受现金折扣优惠的机会，从而增加了购买商品的成本。

三是因债务无法偿还所带来的成本。由于企业严重缺乏流动资金，导致其最终无法在短期内偿清欠款，从而对企业造成重大的经济压力，由此引发的金融危机甚至可能导致企业破产。这样的情况屡见不鲜，在所有由资金短缺引发的成本中，这一部分成本可能会对企业造成最严重的冲击。

2. 存货模式

存货模式的基本理念在于，利用现金与证券的关系来进行评估，也就是通过比较持有现金的成本和转换证券的成本来寻找一个最佳平衡点，使得两者的总成本最小，基于此确定最理想的现金余额。在应用存货模式时，首先设定一项前提条件，也就是企业在特定时间段内的现金流出和流入数量是可以预估的。企业在期初拥有一定的现金储备，如果每天平均的现金支出大于收入，在特定的时间后现金余额降低到无时，企业就必须通过出售价值证券来补充全额，以便在下一个周期的开始时，现金余额可以恢复到最高水平，然后这笔钱又被逐步用于生产，等待其余额再次降低到位后又重新补充，这个过程反复进行。

当企业的现金即将耗尽时，需要从有价证券中取出现金以支付日常费用。然而，这种兑现过程需要付出一定的固定成本，包括经纪费。在特定时期，如果频繁兑换有价证券，那固定成本也会相应提升。固然，企业持有现金也有一定的代价，因为持有现金意味着放弃了投资有价证券所可能带来的利息收益。通常假设有价证券的收益率保持恒定，那么持有的现金越多，失去的机会成本也就越大。为了找出最适合的现金持有量，必须在预测到的现金流量稳定且呈周期性变化的基础上做存货模式的构建。但是在实际运行中，企业往往无法准确预测现金流量。另外，在预期数值和实际结果之间的差距不大的情况下，企业可以适当地增加一些根据公式计算出的最佳现金持有量。

3. 随机模式

如果企业的未来现金流量呈现出不稳定的波动，无法进行准确的预测，那么就可以采用随机模式进行控制。这种策略的基本理念就是设定一个现金控制范围,形成上下界限,上限代表了可以持有的现金的最大值,而下限则代表最低值。在现金余额达到设定的上限时,会将其转化为价值证券。

(三)现金收支管理

在处理现金时,企业不仅需要妥善规划现金的收入和支出预算以及设定最理想的现金余额,也需要监控现金的日常收入和支出。

1.加速收款

(1)财务汇总策略

财务汇总策略以多个收款中心取代了通常设在企业总部的唯一收款处,以此快速地完成货款的回收,其主要目的是减少客户付款到企业入账这个过程所需的时间。具体的操作流程是:在产品销售时,企业由各地的收款处负责开出账单,当地的客户从收到销售公司的账单之后,可以选择直接汇款或邮寄支票给当地的支付点,收款处在收到款项后会立马存入本地银行或者让本地银行处理支票的兑换。随后,当地的银行在处理完票据交易后会立即转账给企业总部所在地的银行。

应用财务汇总策略的优势主要体现在两方面。一方面,可以有效地减少账单和支票邮寄的时间。这是因为账单一般由收款中心在客户所在地签发,并直接送到客户手中,这比从企业直接寄出需要的时间要短。以此类推,邮寄支票到最近的收款中心,也比直接寄给企业需要的时间较短。另一方面,可以缩短支票兑现的时间。一旦本地的收款中心收到客户的支票,就可以立即交给当地的银行,这样企业便可以及时从那里取得资金。然而,这种做法也有一些弊端,比如需要保持每一个收款中心账户中都有一定的存款余额,随着收款中心数量的增加,所"冻结资金"的机会成本也会随之增高。另外,建立收款中心会耗费相当的人力和物力,进而导致更多的开销,这些都是财务主管在考虑是否采用财务汇总策略时需要考虑的因素。

(2)锁箱系统

这种系统是通过租赁多个邮箱,以缩短从接收客户资金到将其存入本地银行的时间,这是一种资金管理策略。具体执行步骤为:企业发出发票或账单,并通知客户将款项邮寄到本地的专用邮箱,之后由本地银行每日清理邮箱,以便尽快收取客户的支票,并且立即进行记录,处理票据交换流程并存入企业账户。本地银行按照约定的周期将资金转入企业账户并提供收款记录。采用锁箱系统的好处在于：相对于银行的集中处理方式，该系统可以更有效地缩短公司收款和处理流程的时间，也即从公司收到支票到这些支票完全存入银行的时间间隔可以被缩短。缺点在于需要支付额外的费用。由于银行为提供各类服务需要相应的报酬，这种费用一般与存入支票的数量成正比。因此，如果每笔汇款金额偏小，则采用锁箱系统可能并非经济的选择。

2. 控制现金支出

（1）利用现金的盈余

所谓的"盈余"，就是指企业从银行储蓄账户派发的支票总金额超出银行储蓄账户的余额。出现现金盈余的主要原因是：企业开出的发票、收款人得到支票并把它交给银行，甚至银行处理款项的转账，通常需要一定的时间。在此期间，企业已经开出支票，但仍然可以使用银行储蓄账户的钱，目的是充分利用资金。企业在利用现金盈余时需要谨慎行事，必需准备好预估的差额并管理使用的时间，否则可能会出现透支银行储蓄的状况。

（2）延迟应付款的支付

企业在保护自身信誉的前提下，应尽可能地推迟应付款支付的时间，以最大限度地利用供应链伙伴的信贷优惠。比如在购买原料时，如果能在收到发票后的 10 天内完成付款，就能获得 2% 的现金打折，而在 30 天内完成付款，则应按照发票所示的金额去支付。

在出具发票后 10 天内，企业应该支付款项，从而尽量提高资金利用率，同时有机会得到现金折扣的机会。当企业确实遭遇资金压力，或者短期内的资金调配需要支出较多的费用时，可以选择不采取折扣优惠。不过，到了信用期限的最后一天必须付款。

另外，企业能运用汇票这种结算手段推迟现金的支出时间。汇票与支票的区别在于，汇票并不是看到票据就能支付的，需要通过银行和购货单位承兑之后才能付款，因此，企业在银行的实际支出时间会比发出汇票的时间要晚。

二、应收账款管理

企业销售产品和原料，或者提供服务，相关的费用应由购买产品或接受服务的单位承担，这就构成了应收账款。应收账款的产生与企业进行的赊销和分期付款政策密切相关，造成这种情况的原因主要有两个：一是满足市场竞争需要，二是销售和收款时间间存在的实际差距。

（一）应收账款的成本与管理目标

企业需要付出一定的代价，包括机会成本、管理成本、不良债务损失成本和短缺成本，才能维持应收账款的商业声誉和现金持有。

1. 机会成本

因为用于扩大销售而采取信用政策，企业无法立刻收回部分货款，而是需要提供一大笔资金给客户使用。这部分资金便无法用于投资盈利，因此产生了所谓的应收账款的机会成本。

2. 管理成本

所有为了管理应收账款而出现的开销，主要包括客户信誉状况的研究费用、账户记录和保护管费用、应收账款费用及各种信贷成本的搜罗和整理费用。

3. 不良债务损失成本

由于多种因素，总会有一些应收账款无法收回，这便是不良债务的成本损失，通常来说，这个损失与应收账款的总额呈正相关。

4. 短缺成本

企业无法向一些信誉良好的客户提供信用，导致这些客户选择其他公司，进而降低了本企业的销售收益，这种可能的销售收入减少被称为短缺成本。

（二）信用政策

要是期望对应收账款的投资回报有所增长，核心在于创建一个有力的信用政策。应收账款管理政策，即信用政策，构成了企业针对应收账款投资进行的策略设计及监督的基本原则和行为准则，其主要涵盖了信用标准、信用条件及回款策略等方面。

1. 信用标准

信用标准是指企业在销售活动中设置的一段支付宽限期，以满足消费者的需求，这也是商业信用的基本门槛，其通常用预估的坏账损失率来评估。制定此类标准时，需综合考虑企业的实际运营状态、当前市场竞争态势及顾客的信誉等因素。

（1）信用标准的定性评估

信用标准的评估可以从质量和数量两个方面进行衡量。质的评估通常比数量的评估更关键，因为客户的信用素质是他们过去商业声誉的体现，它能全面地展示出客户履行付款义务的顺利程度，这对于设定恰当的信用等级是至关重要的。客户信用等级的高低一般由五个方面决定，即品德、能力、资本、担保和条件。

①品德。这是指的客户可能会执行合同或会欠债而不还。信用交易的本质是承诺支付而且也会执行，因此，品德也可以被看作是客户承担责任、恪守偿还债务的一种真诚表达。

②能力。衡量客户偿付能力的优劣，是依据考察客户的流动资产规模、性质及其与流动负债的构成关系决定的。

③资本。明确指代物质财富净值及储留的盈余作为资产，展示出客户的经济实力和财务状况，也是客户偿付债务的最后一道防线。

④担保。这是指客户所能提供的用作偿债保护的财产。

⑤条件。这指的是可能对客户当前偿付力量产生影响的经济状况。

这五种信用状态，可以通过查看客户的财务报告或从银行获取客户信用信息。另外，与同一客户有信用往来的其他企业可以互换该客户的信用信息（比如付款纪录、信用总额、交往时间等），或者是从企业自身经验或其他方式获取；最后，可以从商业代理或信用调查机构获取相关信息和信用等级标准。

（2）信用标准的定量评估

定量化的信用标准评价，可以通过制定信用标准来执行。制定信用标准是根据客户的详细信用信息，采用一些具备代表性并能反映企业偿债能力和财务状况的参数作为确定信用标准的依据，并据此确定是否给客户授予信用。

2. 信用条件

信用评价标准被企业用于决定批准或拒绝客户的信用请求。信用条件是企业为客户支付赊账款项所制定的规定，主要涵盖信用期、折扣期和现金折扣等因素。规定如果客户能在接到发票后的 10 天之内付清款项，他们可以享有 2% 的现金折扣，但如果决定放弃这一折扣，那么所欠款项应在 30 天内一次性付清。其中 30 天作为信用期限，10 天被视作折扣期限，2% 则被视为现金折扣（率）。

（1）透支期限

这是企业允许客户赊账的最长期限。一般透支期限过长会刺激销售增长，但也会使企业承受坏账风险，增加资金被占用的机会成本和收账的费用。因此，企业必须审慎权衡，设定适当的透支时间。

（2）折扣期限与现金折扣

在企业放宽信用期限后，可能会产生过度依赖资金的应收账款问题。为了催促资金回收并提高资金流转，减少坏账损失，企业常常通过提供现金打折优惠的方法，鼓励客户为了享受折扣而提前完成支付，从而缩短企业的平均收款时间。此外，现金折扣能吸引那些将折扣视为价格下调的客户进行采购，进而扩大销售量。现金折扣率的多少往往与折扣期有关。折扣率设定得越高，折扣时间（支付时间）就会更短，反之也成立。

（3）收账政策

企业的收款政策是指处理逾期账款的方式，以及为这一过程所付出的代价。比如对于短期逾期的债务人，可以选择以信件的方式温和地进行催款；针对长期欠款的债务人，可以通过连续寄出信件，同时通过电话催款，必要时甚至可借助法律手段来解决。

企业在制定应收账款政策时，要明确收账成本与坏账损失的关系。当企业提高催收成本，未付应收账款的风险趋向下降，因此可能出现的坏账亏损也将减少。然而，催收成本和坏账损失的关系并非简单的一对一关系。当企业开始催收初期，坏账损失小幅度下降，而催收成本持续上升，未付应收账款的危机明显降低。不过，一旦催收成本过度增长，超出某一限度，那么新增的催收成本对减轻坏账损失的效果变得微乎其微，因为总有一些客户会出于各种原因拒绝支付货款。同时要清楚催收费用与预期回收的应付款项之间的关联。

企业只有在预计收取应收账款的收益超过支付的收账成本时，才需要花费代价去收回账款。

（三）应收账款的日常管理

对于已经形成的应收账款，企业还需提升日常管理的强度，实施强有力的手段进行分析、控管，及早发现问题，尽快采取适当的措施。这些手段主要涵盖对应收账款的追踪解析、账龄解析、实收率解析和应收账款坏账预备体系。

对账龄进行分析时可以通过制定分析表来实施，企业按照制定的时间节点，按照开票日期对发生在外部的所有应收账款做分类（也就是制定账龄），然后计算每个账龄应收账款余额对总余额的相对比例。

三、存货管理

在企业的经营活动中，会积累多样的资产用于销售或生产，这就是我们所说的存货，包括种类繁多的商品、成品、半成品、在制品和各类原材料、燃料、包装物料、低价消耗品等。存货的管理和控制效率，直接影响和表现出企业利润能力、风险承受能力和资产流动性的整体水准。所以，对于保障企业的正常生产、应对销售市场需求、均衡生产、降低生产成本和防止意外状况，存货管理扮演着至关重要的角色。

（一）存货管理目标

为了满足生产和销售的业务需求，企业需要储备适当数量的存货。而企业各部门对库存的观察和理解各有差异。购货员希望能进行大规模的存货购进，以此获取成本优势和节省运费。他们同样希望能早些进货，减轻紧急采购导致的额外支出，避免因供应中断受到各种责备。

生产团队愿意稳定、均衡且大规模地进行生产。频繁的品种转换必然会增加成本，减少生产效能。每个产品种类的大规模生产，将会抬高平均库存水平。销售团队期待有充足的库存，这种情况对提升市场竞争力有积极作用，现货的交易也有助于增加销售额。他们还希望产品种类齐全，或者生产部门能根据客户需求，及时调整产品类型。

针对以上特点，企业的库存不仅要保证生产与销售等环节的高效运行以确保公企业顺利运营，也要有助于降低库存成本，减少企业流动资产的占用，提高资金使用效率。因此，寻找库存成本和收益之间的最佳均衡点，实现两者的最优整合，就成了企业库存管理的目标。

（二）存货成本

企业用于储存库存的所有开销就是存货成本，主要包含如下三个部分。

1.进货成本

货物的采购成本主要包含库存的购进价格、采购支出以及购置税项（比如增值税的可抵扣税款、进口原材料的关税）三大部分。在这个情况下，假设物价和税率都是稳定的，且没有购买数量的优惠，因此购置税项的总数会相对稳定，被视为与决策无关的成本。

（1）进货成本

进货成本是指存货价值，一般通过数量与单价的乘积来确定。年度需求量用 D 代表，单价用 u 表示，所以，进货成本是 Du。

（2）进货费用

这个费用是企业在购买商品的过程中产生的各种开销，首先是与购买频率有关的费用，比如差旅费、邮费、电讯和电话费，被称为可变的采购成本。其次是与下单次数无关的费用，比如固定的购买部门的基础运营开支，被称为采购的固定成本（FI）。每次购买的可变成本用 K 来表示，而下单频次等于存货的年需求量（D）除以每次购买的批次（Q）。

2. 存储成本

存储成本指的是企业在储存货物时需要承担的各类费用，这包括因存货占据资金所产生的利息支出、仓储开支、保险费及因存货损坏和质变导致的损失等。

存储费用可分为以下两类：一是不受存货量影响的存储费用，比如仓库的折旧费用和仓库员工的固定薪资，这种费用被称为储存的固定成本；二是受存货量影响的存储费用，比如库存资金的计息、库存的损耗及降质损失和保险费等，这类费用被称为储存的变动成本。

第三节　销售收入与利润管理

一、销售收入管理

（一）销售收入管理概述

1. 销售收入的概念及组成

在市场经济环境中，企业生产产品的目的不是自我使用，而是进行外部销售。销售收入是企业在特定时间内通过产品销售或者向外部提供服务所获得的，包括商品销售收入及其他业务产生的收入。

（1）产品销售收入

企业运营中，产品销售收入占比最大，是企业主要的营收来源和销售收入管理的核心。在工业企业中，产品销售收入可能来自销售成品、生产的半成品及工业服务等渠道的收益。

产品的销售收益并不受销售对象的限制，企业的产品营业额除了来自企业以外的其他单位的产品销售收益，还应囊括对企业内部非生产性部门等销售商品产品所获得的收益。

（2）其他业务收入

企业除了从产品销售中获得收益外，还有其他业务收入，也就是由非产品销售的业务活动得来的利润，比如卖出材料、租出固定资产、出租包装物、销售采购的商品、提供运输服务、转让无形资产及所提供的非生产业劳务等产生的收益。

2.销售收入的确认

销售收入的确认是销售收入控制的关键性部分，这直接关联到税款的收取时间和利润的核算。正确界定销售收入的实现，对于协调国家与企业的分配关系，确保国家的财政进项，精确评定企业的运营成效和经济利益，具有极其关键的影响。依据《工业企业财务制度》的规定，企业应在产品已经发送，劳动服务已经提供，同时收到定价款或获取收款凭证时，确认销售收入的实现。根据权责发生制原则，销售收入的实现主要包括两个标志：一是物权的转变，即产品已经发送，劳动服务已经提供；二是已收物品款项或获取收款权利，即企业已经提交发票记账单或已经处理完银行代收流程，因此获取了收款权利。

按照已被企业认可的标准，销售总收入并不完全等同于销售的净收入。原因是在实际的业务活动中，会存在诸如退货、价格让步和打折销售等情况。依据《工业企业财务制度》的规定，企业在销售的过程中遭遇的退货、价格让步和打折等一系列情况应当在当期销售收入中进行抵扣。退货是指由于产品质量问题或商品类型和规格无法满足合同或其他相关规定，导致客户全部或部分退回产品。而价格让步是指企业销售的产品由于各类原因未能满足既定的要求，通过谈判后，企业会在价格上有所让步。针对退货和价格让步的情况，企业需迅速查明原因并划定责任，以便减少销售收入损失。

销售折扣是企业采用的一种促销手段，目的是激励消费者或用户购买更多的产品并提前支付。

常见的销售折扣有现金折扣、批量优惠、季节性打折等。

（1）现金折扣

现金折扣是商家为了激励消费者在规定期限内早期付清购买物品款项而进

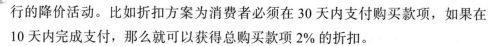

行的降价活动。比如折扣方案为消费者必须在 30 天内支付购买款项，如果在 10 天内完成支付，那么就可以获得总购买款项 2% 的折扣。

（2）批量优惠

批量优惠就是为了引导消费者大批购买，企业对于大批购买的消费者进行的一种价格降低，也就是购买得越多，价格越便宜。

（3）季节性打折

这是一种对购买非旺季产品的顾客实施的降价策略，通常由生产和销售季节产品的企业提供。

3. 销售收入管理的意义

销售收入管理对于企业的财务健康来说非常关键，它是企业产出的货币度量。优化销售运营以尽快获得销售收入，对于国家和企业来说都是极其重要的。

强化销售的管理，实时实现销售收益，构成了确保企业顺利再生产的关键要素。在社会主义市场经济的环境中，企业作为独立运作且需要自负盈亏的经济实体，需要自身的收益来抵偿其支出。工业企业的再生产过程由供应、生产与销售这三个部分组成。只有将生产出的产品销售给消费者与用户，并适时收回款项，才能顺利进行再生产。

只有加强销售管理，适时地获取销售利润，才能满足国家建设以及群众生活的需求。在社会主义市场经济条件下，企业的生产目标是满足社会需求，以实现收支平衡并获得盈利。只有在已产出的产品能被及时售出，才能证明企业所生产的产品是社会所需的，也能迅速地满足国家的经济建设及民众的生活需求。

优化销售运营，适时获得销售利益，是企业获得净收益、完成对财政部门的缴款任务以及增加自身储备的基础。企业所获得的销售利润，减去生产与运营过程的花费，所剩的便是企业的净收入，这包含税收和盈利两个部分。企业会按照规定将税收和盈利的一部分交给财政部门，剩余的则会按照既定的顺序进行分派。

（二）销售收入的管理

1. 产品销售预测

产品销售预测是企业基于销售状况，参考市场未来需求的研究，采用科学手段，对未来时段的产品销售量与销售收益进行估计与推测。有许多方式可以预测产品销售，主要可以总结为两种类型：经验判断和数学分析。

所谓的经验判断法，就是借助于人类的实践经验，进行分析判断，进而对企业未来的销售发展方向进行前瞻性的预测。常用的手段包括专家调研、集合意见法、调研分析法等，这些方法操作简单，主要应用在资料不足的中长期预测上。

数学分析法是基于企业过去的销售记录，运用特定的数学技术来预测企业未来的销售趋势的方法。常见的数学分析法包括时间序列法、回归分析法、量本利分析法等。

（1）时间序列法

即沿着时间轴序列，对以往几个阶段的销售数据进行运算分析，基于此设定未来销售预期值的技术，这包含了简易平均法、加权平均法、移动平均法等。

简易平均法的主要思路是通过把企业过去一段时间的真实销售数额累加起来，再用这个总数除以时间周期，从而获得预测值。

加权法是建立在各个销售期中实际销售量对预期销售值影响力的基础上，赋予各期不同的权重，计算加权平均值，之后以此值作为预期销售值的计算方法。

移动平均法是从销售序列数据中选择一组数据并计算其均值，随后逐渐移动，以靠近预期期间的均值作为基础值，并参照发展趋势进行调整，进而确定销售预测值的过程。

（2）回归分析法

就是根据销售的变化轨迹，设立回归公式，通过解这个公式得出销售预估量的方式，这种方式对于销售额持续、直线上升的企业尤其适用。

（3）量本利分析法

其运作原理基于销售量、成本及利润三个因素的内在联系。确定产品成本后，依据目标利润的要求，预测销售量。

2. 销售收入的日常管理

（1）按需组织生产，做好广告宣传工作

企业的产品能满足社会的需求，拥有较高的质量、丰富的种类与规格，定价合理，得到消费者及使用者的赞同，才有可能实现销售并迅速实现销售收入。因此，企业必须高度注重市场的研究和预测，以社会需求为基础安排生产，注重开发新的产品，持续提高产品的质量，挖掘降低成本的可能，向市场提供高

质量，物美价廉，且顺应市场趋势的产品。

（2）加大销售合同管理力度，谨慎地签署并执行销售合同

在经济活动中，法人之间常常要签署商业契约以明确各自的权利和义务。目前，销售协议已经成为绝大多数企业实现产品销售的方式。因此，财务部门需要主动协助销售团队，加大销售合同的管理力度，以确保销售收益的实现。企业要依据生产情况，及时与购买方签订销售合同，明确合同包含的销售产品类型、数量、规格、价格、交付日期、交付地点、支付方式及违约责任等要素；公司要强化对库存产品的管理，保证按照合同规定准时挑选、包装等，同时也要确保发运工作的顺利进行。

（3）做好结算工作，及时收回货款

销售产品的复杂性体现在两个核心环节：产品交付和资金回款。因此，企业需要在两者上做到同等重视。企业应以保护产品销售利益以及及时资金回款为前提，选择可行的支付方式。在实施托收付款模式时，一旦产品出库，企业需要迅速从相关部门获取发货和运输凭证，并向银行完成托收流程，以确保买方能够如期支付。最后，对于超出付款期限仍未回收的款项，应立即调查原因并根据实际情况进行妥善处理。

（4）确保优质的售后服务，为销售增长打好基础

企业销售产品后要向用户和消费者提供优质的售后服务。比如无偿安装调试和调试产品，提供技术指导，提供需要的配件与零件，建设一个修理网络，保障提供上门服务，尽快修复并处理故障，同时实施包括保修、无条件退货、无条件更换在内的全面服务。卓越的售后服务有助于消除顾客的后顾之忧，塑造良好的企业品牌，提升产品的声誉，增加竞争力，同时为未来扩大销售，提高收益奠定基础。

二、利润管理概述

（一）利润的构成

企业在某个特定的会计时期内，所获取的经营成果被定义为利润，其中涵盖了营业利润、总利润及净利润。利润实质上是评估企业的生产经营和管理水平的重要综合指标。如果总利润是正数，那就意味着企业盈利；反之，如果是负数，那就表明企业亏损。总利润数值是由营业收入和投资利润，再加上补贴

收入和非商业性收益组成，然后扣除非商业性开支。

1. 营业利润

营业利润就是从主营收入中扣除主营的成本和税费附加，再加上其他业务带来的收益，并从中去掉营业费用、管理费用和财务费用等后得到的数额。

营业利润＝主要业务利润＋其他业务利润－营业费用－管理费用－财务费用

其中，主营业务利润＝主营业务收入－主营业务成本－主营业务税金及附加

其他业务利润＝其他业务收入－其他业务支出

2. 投资收益

企业获得的投资收益主要由外部投资所获得的盈利、股息和债券利息组成，此外，包括投资期限结束时收回或过程中转手得到的超过账面价值的款项，以及依据股权法计算出的在被投资企业增长的净资产中的股份等。投资亏损包括外部投资在回款或者转售的过程中产生的低于账面价值的差额，由被投资公司减少的净资产引发的部分损失等。

3. 补贴收入

所谓的补贴收入，是指企业遵循法律规定实际得到的退回的增值税。这是根据产量或者劳动量等因素按国家政策规定的补助标准计算，然后定期发放的固定补助，还包括国家财政部门对某些领域的经济扶持及其他形式的各种补贴。

4. 营业外收入与营业外支出

营业外收入和营业外开支并非直接源于企业的生产和经营活动，这构成了企业的营业外收益和营业外开支。

（1）营业外收入

营业外收入是企业的一种收益，虽然它并非直接源于企业的生产和营运活动，但与企业的操作仍有一定的关联性，与企业的销售收入相对应。

一是固定资产盘盈和销售的净利润。固定资产的盘盈净利润是扣除预计折旧后，按原价计算的剩余金额；固定资产销售的净利润是指在转让或出售固定资产后获得的收益，减去结算费用后的总额与固定资产账面净值的差额。

二是罚款的收益。这是指企业通过收取对方违背国家相关行政法规，并按照法定程序获得的罚款。

三是由于债权人原因导致无法偿还的应付账款。主要是由于债权人改变注册信息或者取消注册等情况，导致无法偿还的应付款项。

四是教育费附加返还款项，也就是说，那些自行开设职工子弟学校的企业，缴纳了教育费附加后，教育机构会将一部分资金作为补助返还给该企业所开设的学校。

（2）营业外支出

营业外支出涵盖：固定财产的盘亏、弃用、损坏及出售带来的纯粹损失，非季节性及非维修期间的停工衍生损失，员工子女教育及职业学校经费交付，突发损失，慈善性捐助，偿付金，违约滞纳金等。

一是固定资产的净损失，涵盖了盘亏、报废、损坏及售出。换句话说，固定资产盘亏和损坏是以原始价格为基准，减去累计折旧、过失人和保险公司赔偿来计算的值。固定资产报废则意味着将报废资产处理后的收益减去清理费用和账面净值的差额。

二是非季节性和非保养期间的停工损失。也就是说，与季节性或保养阶段的停工损失会被计算在制造成本中相比，非季节性和非大型保养期间的停工损失则被视为营业外的支出。

三是员工子弟学校及技校的经费。员工子弟学校的经费是指一家企业按照国家的规定自行开办子弟学校，支出之和超过了收入之和的部分。同时，自办技校的财务支出，也是按国家规定进行计算的。

四是非常损失。这主要是自然灾害带来的累计资产净损失（在扣除保险理赔和残留价值之后），并且涵盖了中断损失及善后处理中的费用支出。

五是救援类的公益捐款。其主要包含了对于国内大型灾害或者慈善行为的经济救助。

六是罚款和违约金。针对的是公司在未完成某些合同和协议的情况下，所需向其他机构赔付的罚款、违约金及罚息等经济补偿。

5.净利润

净利润也被我们称为税后收益，这指的是企业的总收益在支付所得税后的剩余金额。用于计算这个数值的公式是：净利润＝利润总额－所得税

（二）增加利润的途径

企业利润总额是企业销售数量、产品单价、单位成本、期间费用和营业外收入等元素综合影响的产物。所以，增加利润的方式如下。

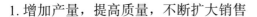

1. 增加产量，提高质量，不断扩大销售

这是增加利润的根本途径。企业通过提升产量，优化产品质量，生产更多市场需求的商品，深化市场预测，以增加销售收益。

2. 挖掘潜力，降低成本

这是增加利润的一个主要的方法。只有在增大销售收入的基础上，成本支出的大小才能决定利润的多少。它们之间有着互相对立的关系。成本支出增加，利润就会减少。相反，如果成本支出减少，利润就会增加。

3. 合理运用资金，加速资金周转

这是提高盈利的另一个重要方法。合理利用资金，让各类资金的占有状态保持适宜的比例，快速地进行资金周转。即使资金的总占用量保持不变，由于周转速度的加快，销售收益会提升，从而提高公司的利润。

（三）利润管理的要求

1. 实行利润目标责任制度，确保完成预定利润目标

利润是通过多种经营以及对资本、开支和其他损益项目的操控而得来的。因此，对利润的管理其实就是要对企业实施全面的质量控制，追求以尽量少的投入换取尽可能多的产出。其中经营盈利是利润总额中的主导部分。

一般来讲，设立企业计划利润为主要目标，并派生出各个子目标，这些目标按照组织的层级顺序逐步展开，从而形成一个目标体系。为了实现这个总目标，企业的各个部门和各层级都要设定自己的目标，一系列的部门目标需要支持总目标，而多个下属目标或个人目标则需要为一个部门的目标提供支持。

2. 正确处理财务关系，合理进行利润分配

企业有必要严格遵循国家设定的财务和经济法规，实施一系列有利于提升企业表现的措施。要准确地执行费用转移、分配或预存，精准计算非经营性收支，对产品生产成本和各种循环性费用进行精确计算和结算，准确地反映公司的财务状况，确保财务数据的真实无误。同时，应合理地在国家、企业和投资者之间分配利润，在保证国家营收的同时，提高公司股东和员工对企业经营绩效的关注，增强他们参与经营决策的热情，从而实现企业盈利的持续稳定提升。

三、利润分配管理

（一）利润分配的概念

利润分配指的是企业得到的总收益在调整后，按照相关法规支付税款，留下的利润分为盈余准备金、公益基金，并给投资者相关回报的过程。公司的盈利是生产者剩余劳动生产的产品价值的一部分，所以利润分配的核心内容就是用货币的方式来分割这部分产品。利润分配是一项具有明显政策导向的工作，必须遵照国家的相关法律法规和制度进行，同时考虑到国家、企业、投资者和员工各方面的经济利益。

在财务管理架构中，利润分配计划是一个必不可少的环节，并且随着财务管理体系的变革，在我国经历了一段复杂的演变过程。无论是税利并轨如利代税、税代利或者是利税包干等多样的模式，都存在许多问题，并不符合公私分明、经营权与所有权各自独立的原则。从利润分配改革发展的视角来看，"税利分流，税前还贷，根据资产分红"才是利润分配制度改革的方向。

（二）利润分配的一般程序

利润分配的流程，即指企业按照相关的法律条例或体系规章，对于一段时间内企业产生的净盈利进行分配的步骤和顺序。利润分配的流程是规范企业利润分配的标准，确立分配顺序的基准，也是保证利润分配合法公正的重要保证。

1.非股份制企业的利润分配程序

根据《中华人民共和国公司法》和其他有关的法律规定，所有非股份公司在全年获取的税前利润，都必须按国家税法的要求来计算并支付企业所得税。扣除所得税后的净利润，应遵照下述的顺序进行分配。

（1）弥补以前年度的亏损

根据《中华人民共和国公司法》和其他相关的法律法规，非股权公司在一个会计年度内产生的亏损，可以利用接下来会计年度的税前利润来弥补。如果下个会计年度的税前收益无法补足亏损，则可以借助以后会计年度的收益来进一步弥补，直到亏损得到完全补偿。但是，用以赔偿过去亏损的税前收益连续使用时间不得超过五年。在这五年内，如果仍存在未赔偿的亏损，那么就可以运用该财政年度税后利润进行补偿。企业该年度的净收益，加上年初没分配的盈余,再减去补偿亏损后的剩余部分,就构成了非股份制企业可供分配的利润,只有当这部分利润超过零时,企业才能进行接下来的分配。

(2)计提盈余公积金

仅当企业有正的可供分配利润时,才可能建立计提盈余公积金,这包括由法定盈余储备金和非必须的盈余储备金组成。根据净利润减去过去亏损剩下的10%,来计算出法定盈余公积金。这意味着,若在年初有尚未补足的亏损,应采用本财年的净利润,扣除用于补足亏损后,剩余的10%设立公积金;反之,若在年初没有尚未补足的亏损,那么本财年净利润的10%用于设立公积金即可。但当企业设下的法定盈余公积金达到注册资本的50%时,未来的会计周期便不再需要设置盈余公积金。根据《中华人民共和国公司法》规定,法定盈余储备金主要用于弥补公司亏损和按规定增加资本金,而增加资本金后的法定盈余公积金通常不低于注册资本的25%。而被称作非强制性的盈余公积金,即在设立法定盈余公积金后,由企业董事会决定是否获取的公积金,既可以设立也可以不设立,其设立的金额由董事会投票决议。

(3)向投资者分配利润

在抵消过去几年的亏损补偿、法定盈余公积金和任意盈余公积金后,加上年初的保留利润,构建出能分配给投资者的年度利润总和。基于分配和积累的平衡原则,确认分发给投资者的利润额度。

2.股份制企业的利润分配程序

(1)弥补以前年度的亏损

根据我国《中华人民共和国公司法》和其他相关的法律规定,股份制企业有权使用后续财年的税前盈余去弥补过去年度的亏损。如果该财年的税前盈利不能全额补上亏损,那么其可利用后续年度的利润继续进行补偿,直到亏损全部补齐。然而,利用税前利润去补足之前年度的亏损的这个过程,不能超过五年。如果在五年内无法完全补足亏损,那么可以使用当年的税后利润来进行补偿。股份制企业的可分配利润是当前年度的净利润与年初未分配利润合并,或者扣除用于补偿亏损后的余额。只有当可分配的盈余大于零时,公司才能在执行后进行利润分配。

(2)计提法定盈余公积金

只有当股份制企业的可供分配利润超过零时,才有可能计提盈余公积金,其由法定盈余公积金与任意盈余公积金组合而成。法定盈余公积金是依据本财

年的剩余利润，也就是本财年的净利润去除以前年份的赤字后的余额的 10%
计提。意味着，假如年初有未偿还的赤字，那么就要从本财年的净利润中扣除
赤字后的余额的 10% 计提。假如年初没有赤字，那就可以从本财年的净利润
中提取 10%。在企业计提的法定盈余公积金达到初始资本的一半时，接下来的
财年中就无须再提取。按照《中华人民共和国公司法》的规定，法定盈余公积
金主要用于填补企业赤字以及按规定转为初始资本，但在转为初始资本后，法
定盈余公积金通常不会低于注册资本的 25%。

（3）支付优先股股息

依照投资合同或协议规定，发售优先股的企业需要向持有其优先股的人付
出固定的股息，也就是优先股股息。这类股息的付出不受企业盈利与否的影响，
无论盈利情况如何，企业都有责任向优先股股东支付应有的股息。

（4）计提任意盈余公积金

任意盈余公积金是在设定法定盈余公积金后，根据股东会会议的决定来提
取的公积金，这种任意盈余公积金有可能计提，也可能不计提，具体的计提金
额则由股东会的投票确定。

（5）支付普通股股息

在企业的收益分配阶段，首先需要用于补足负债、储备法定盈利储备金、
支付优质股的股利、存留任意盈余公积金。待以上任务完结后，余下的利润将按
照股东会议的决策来赋予一般股的股东作为股息。从利润分配环节来看，一般股
的股息发放在最后一环，普通股股东虽然承担了投资风险，但其能想要获取的收
益权益只能在最后实现，这就突显了普通股股东的高风险。如果股份制企业在某
个财政年度无盈利或负债严重，一般而言是不会发放一般股股息的。然而，在特
殊情况下，通过股东大会进行特别的决议，可以以较低的比率从盈余公积金中发
放一般股的股息，最终留存的法定盈余公积金不应少于注册资本的 25%。

第四节　营运资本管理

一、营运资本管理概述

对于短期财务决策，是企业对运营资本的财务管理和策略决定，包括短期

融资和管理流动资产两部分。该决策的主旨是，募集资金以应对由季节性、经济周期以及意料之外的变数所引发的经营不稳定；以合理方式管理和运用流动资产，充分地利用已有的固定资产，从而促进企业的稳定运营和有效发展。

（一）营运资本的特征及原则

营运资本，也叫作营运资金或者流动资本。基于所包含的内容的差别，营运资本被划分为广义和狭义两个部分。广义的营运资本，我们习惯称之为全营运资本，意味着企业所有的流动资产的总和；而狭义的营运资本，即我们通常所说的净营运资本，是企业总流动资产扣除所有流动负债后的数值。当这个数值是一个正数，我们就叫它正的营运资本。此外，流动资产通常包括现金、股票、应收单据、应收账单、预付款和存货等，而流动负债则是指短期贷款、应付单据、应付账单、预收款及其他待支付款项等。

（二）营运资本管理策略

营运资本管理的策略包括经营资本的投资策略、筹集资金策略及营运资本的策略组合。

1. 营运资本投资策略

实施资本运作策略的目标是在全资本规模已确定的状况下，适当决定活动资产与不动产等长期资产的配比。此配比的体现方式为活动资产在全资本中的占比。企业可以选择的营运资本投资策略有三种。

（1）慎重策略

相对于总资产，企业的流动资产所占比例较大，除了一般的流动性需求和基本储备外，还会额外增设一些储备。因流动性资产的收益通常不如固定性资产，所以，执行此策略可能会降低预期的盈利空间。

（2）主动策略

企业的流动资产在全部资产中的比重偏小，正常状态下的需求一般仅能由流动资产承载，没有预留或者只预留极少的备用储备。

（3）均衡策略

企业的流动资产占总资产的比例保持在恰当的水平，只有在满足常规需求的基础时，才会适度增加一些风险防备的准备金。它的预计盈利和风险承受能

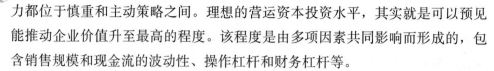

力都位于慎重和主动策略之间。理想的营运资本投资水平，其实就是可以预见能推动企业价值升至最高的程度。该程度是由多项因素共同影响而形成的，包含销售规模和现金流的波动性、操作杠杆和财务杠杆等。

2. 营运资本筹资策略

筹措运营资金策略的意图是在总资产水平既定的前提下，合理确定短期债务与长期债务之间的比率。此比率体现在短期债务在总资产中所占的比例。

企业可以选择的营运资本筹资策略有三种。

（1）保守策略

保守策略涉及所有长线资产、永久性流动资产（企业运营所需的主要流动资产）以及部分受季节性及周期性因素影响的流动资产（如销售高峰期的应收账款、季节库存等）所需的资金，都通过长期债务和现金流进行筹备。剩余的部分临时性流动资产则通过短期债务进行筹措。在这种情况下，短期信贷的使用以及流动性负债相对于总资产的比例都维持在较低的程度。

（2）积极策略

用短期债务集资来承担短期流动资产和部分永久流动资产的资金需求，而剩余的永久流动资产和固定资产的资金需求则由长期负债和自有资金承担。在一些更极端的例子中，有的企业会全部依靠短期债务来满足长期流动资产及部分固定资产的资金要求。

（3）均衡策略

同步配齐资产和债务的期限，旨在减少企业无法归还逾期债务的风险并努力降低筹资成本。临时流动性的财产解决资金需求以流动性的债务进行筹集，永久性流动财产和长期财产的资金需求则通过长期债务和自由资金进行募集。这种策略使得流动债务的状态位于积极策略和谨慎策略的中间，因此，收益与风险也相应处于两者之间。

3. 营运资本管理的策略组合

营运资本管理是将营运资金投资管理和筹集资金管理融为一体，不仅要探究各自的策略选择，同时也需要分析他们之间的互动影响。

（1）最激进的营运资本管理策略

当营运资本的投入和筹集方式都选择相当激进的策略，这种情况下，公司能得到最大的收益，但同时也会面临最大的风险。

（2）激进的营运资本管理策略

主要包括：①激进型的资金募集策略搭配适中的投资方案。②适中的资金募集策略与激进型的投资方案的结合。

（3）中等级别的营运资本策略

主要包含：①将激进的财务募集策略与保守的投资策略融合。②保守的募资策略与激进的投资策略相结合。③中等的筹集资金策略与中等的投资策略的组合。

（4）审慎地运营资本管理方案

主要包含：①审慎的资金筹措方案与适中的投资方案的结合。②适中的资金筹措方案与审慎的投资方案的结合。

（5）最稳健的运营资本管理策略

此种策略中，企业对运营资金的筹集与投资都保持着极端的谨慎，因此企业的利润水平会相对较低，同时，企业面临的风险也会降至最低。

（三）营运资本管理策略选择的影响因素

对风险和收益的衡量决定了营运资本的管理策略，同时，还有其他的元素在影响营运资本管理策略的抉择。

1. 业界因素

各个行业的经营事项和经营范围表现出显著的不同，这使不同行业的流动资产比、流动负债率及流动性率等也有相当明显的不同。

2. 规模因素

相对小型企业来说，大型企业流动资产的占比或许更小。大型企业拥有强劲的筹款实力，因此在偿还债务的风险之际，通常能够快速集资，具有较高的风险耐受能力，所以其流动资产的比例可以保持在相对较低的水平。

3. 利率

利率是影响营运资本规模的关键因子之一，无论是利率的波动，或者是长短期资本成本的不同，都可能明显改变营运资本的规模。当利率较高时，企业或许会决定缩减流动资产占比，降低对流动资产的投入，以此减少利息支出。若长期与短期资金利率的间距较为接近，企业可能会更倾向于缩减流动负债占比，进而更多地运用长期资金。在这种情况下，流动资产与流动负债比例可能会展现出相反的变化趋势。

4. 经营决策因素

在企业的全方位经营决策中，营运资本的管理策略是不可或缺的一环，它既会对其他经营决策施加影响，也会被其他经营决策所影响。这些经营决策主要涵盖了生产决策、贷款政策、分红方案、长期投资战略等。

参考文献

[1] 江书军，邓茹.高校整体成本核算体系构建及运行机制设计——基于绩效管理需求导向视角 [J].财会通讯，2023（20）：167—171.

[2] 赵丽琼，李子媛.大数据时代企业管理会计发展探析 [J].合作经济与科技，2023（23）：148—150.

[3] 管耘，吕亮.高校整体支出绩效评价初探 [J].北京科技大学学报（社会科学版），2023，39（06）：774—780.

[4] 贾皓.税务筹划在企业财务管理中的运用 [J].中国集体经济，2023（29）：138—141.

[5] 郭翔.会计信息化对企业财务管理工作的影响分析 [J].中国集体经济，2023（29）：142—145.

[6] 曾平，刘欣睿.政府项目预算绩效评价研究——以 A 市资源局为例 [J].商业观察，2023，9（29）：21—24.

[7] 李勤.大数据视域下企业财务会计与管理会计的融合发展 [J].商业观察，2023，9（29）：68—71.

[8] 郑学军.高校实施全面预算绩效管理工作对策分析 [J].锦州医科大学学报（社会科学版），2023，21（05）：106—109.

[9] 李向聪.网络经济背景下企业财务管理创新思路与对策研究 [J].老字号品牌营销，2023（15）：110—112.

[10] 程莹，印梦云.高校全面预算绩效管理思考 [J].合作经济与科技，2023（24）：114—115.

[11] 吴钊平.企业财务数字化转型逻辑、路径与挑战 [J].合作经济与科技，2023（24）：134—135.

[12] 张珊.大数据背景下企业财务管理问题探究 [J].河北企业，2023（10）：72—74.

[13] 周昕. 财务共享环境下的财务管理优化研究 [J]. 老字号品牌营销，2023（19）：53—55.

[14] 戚文燕. 探讨企业财务共享中心建设面临的困境及其对策 [J]. 老字号品牌营销，2023（19）：101—103.

[15] 魏彬. 关于零基预算在企业管理中的应用问题研究 [J]. 老字号品牌营销，2023（19）：119—121.

[16] 王永飞. 企业财务预算管理中存在的问题及其解决策略 [J]. 老字号品牌营销，2023（19）：122—124.

[17] 马蔡琛，马刘丁. 参与式预算视角下的绩效管理改革研究 [J]. 财经问题研究，2023（10）：94—103.

[18] 许杰. 互联网＋背景下企业财务共享中心的构建要点分析 [J]. 财会学习，2023（28）：10—12.

[19] 赖晓文. 纵深推进全面实施预算绩效管理的困境与建议 [J]. 财会学习，2023（28）：43—45.

[20] 陈素侠. 预算管理一体化下县级财政预算绩效管理中的难点及对策 [J]. 财会学习，2023（28）：52—54.

[21] 刘小芬. 企业财务成本管理与纳税筹划相结合的策略分析 [J]. 财会学习，2023（28）：104—106.

[22] 叶萌. 企业财务管理内控制度建设及财务风险规避研究 [J]. 中国集体经济，2023（28）：149—152.

[23] 郑华君. 浅谈全面实施工会预算绩效管理 [J]. 中国工会财会，2023（10）：16—18，21.

[24] 敖金华，陶冶. 预算管理一体化模式下绩效管理的实践与思考——以湖北省竹溪县为例 [J]. 财政监督，2023（19）：44—47.

[25] 陈艳，赵鑫，胡雨杉. 研究所经常性经费预算绩效管理工作探讨 [J]. 财政监督，2023（19）：87—92.

[26] 赵营蒋，张玥琛. 实施区级教育部门预算全面绩效管理 推动教育事业高质量发展——以北京市丰台区为例 [J]. 财政监督，2023（19）：5—8.

[27] 孙福勋. 创新"6个3"模式 推动预算绩效管理提质增效——基于山东省烟台市的实践 [J]. 财政监督，2023（19）：55—59.

[28] 岳洪江，魏倩倩. 地方政府预算绩效管理结果应用体系研究——基于11个

省制度文本的分析 [J]. 时代金融，2023（10）：58—63.

[29] 潘真真 . 行政事业单位预算绩效管理过程中的问题与对策 [J]. 理财，2023
（10）：82—83，86.

[30] 宋雅莉 . 浅谈公立医院预算绩效管理的探索与实践 [J]. 中国产经，2023
（18）：149—151.